U0688504

2023年

中国互联网学习发展报告

——南京区域发展报告

教育部教育管理信息中心
南京市电化教育馆（南京市教育信息化中心） 编著

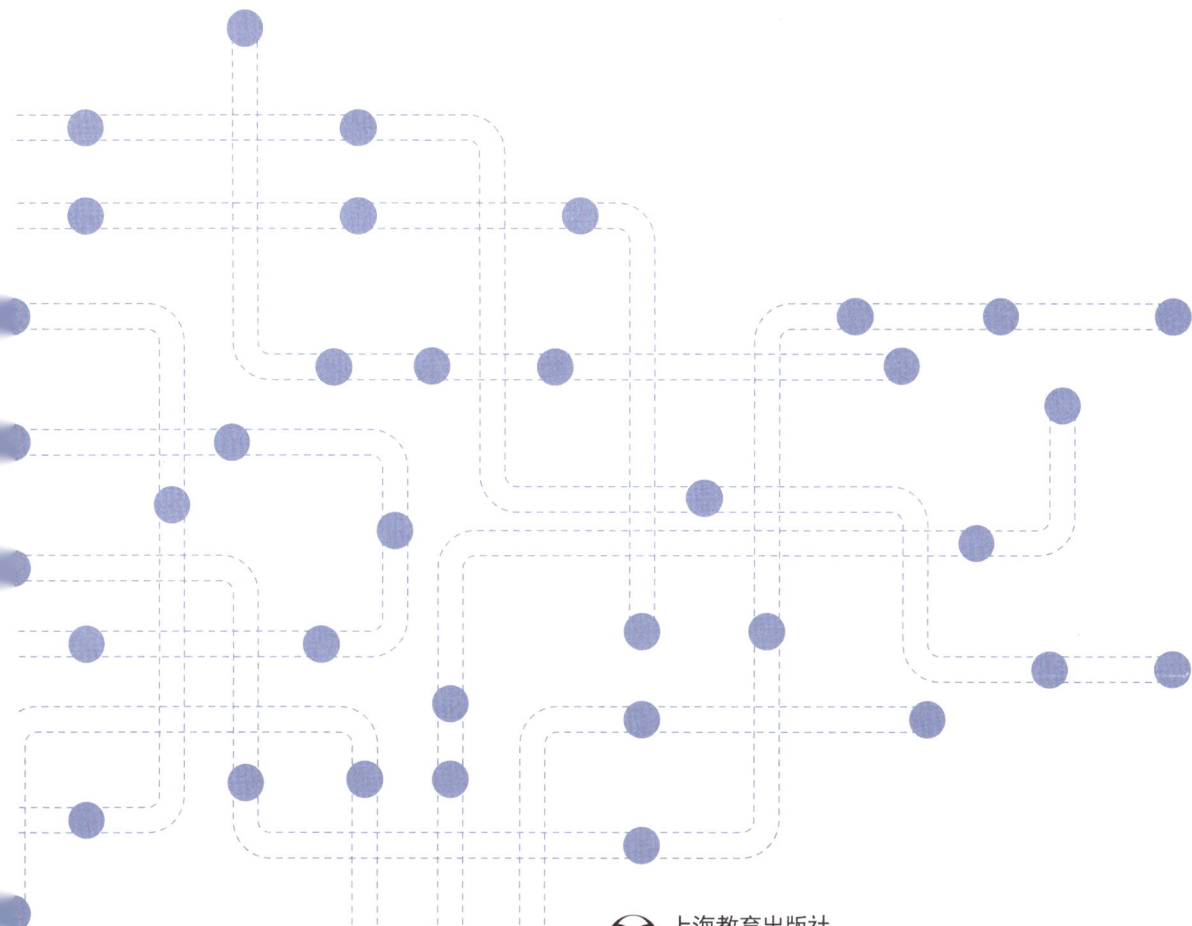

上海教育出版社
SHANGHAI EDUCATIONAL
PUBLISHING HOUSE

图书在版编目（CIP）数据

2023年中国互联网学习发展报告.南京区域发展报告/
教育部教育管理信息中心，南京市电化教育馆（南京市教育
信息化中心）编著.—上海：上海教育出版社，2024.4
ISBN 978-7-5720-2610-2

Ⅰ.①2… Ⅱ.①教… ②南… Ⅲ.①教育工作－信息化－
研究报告－中国－2023②教育工作－信息化－研究报告－南
京－2023 Ⅳ.①G52

中国国家版本馆CIP数据核字(2024)第074820号

策划编辑　刘美文
责任编辑　李清奇
封面设计　周　亚

2023年中国互联网学习发展报告——南京区域发展报告

教育部教育管理信息中心　南京市电化教育馆（南京市教育信息化中心）　编著

出版发行　上海教育出版社有限公司
官　　网　www.seph.com.cn
地　　址　上海市闵行区号景路159弄C座
邮　　编　201101
印　　刷　常熟市华顺印刷有限公司
开　　本　889×1194　1/16　印张 10.25
字　　数　208 千字
版　　次　2024年6月第1版
印　　次　2024年6月第1次印刷
书　　号　ISBN 978-7-5720-2610-2/G·2301
定　　价　88.00 元

如发现质量问题，读者可向本社调换　电话：021-64373213

编　委　会

主　编

陈　平　南京市电化教育馆（南京市教育信息化中心）

执行主编

沈书生　南京师范大学教育科学学院

副主编

沈　莹　南京市电化教育馆（南京市教育信息化中心）

编　委（以姓氏拼音为序）

柏宏权　南京师范大学教育科学学院

曹　梅　南京师范大学教育科学学院

汪　波　南京市电化教育馆（南京市教育信息化中心）

吴昱寰　南京市电化教育馆（南京市教育信息化中心）

杨　朴　南京市电化教育馆（南京市教育信息化中心）

赵晓伟　南京师范大学教育科学学院

编写人员（以姓氏拼音为序）

柏春花　南京市溧水区和凤中心小学

包桂霞　南京市科利华中学

蔡园旭　南京市软件谷第二小学

陈　浩　南京市建宁中学

方玉春　南京市软件谷第二小学

韩　杰　南京市软件谷第二小学

韩　悦　南京师范大学教育科学学院

季欣哲　南京师范大学教育科学学院

刘炳俊　南京市建宁中学

刘　莉　南京市江宁区九龙湖幼儿园

吕雅楠　南京师范大学教育科学学院

秦　芬　南京市江宁区未来科技城小学

沈　洁　南京玄武外国语学校附属小学

汪　磊　南京市科利华铁北中学

王莉莎　南京市燕子矶中心小学

王　亮　南京市东屏中学

王培均　南京师范大学教育科学学院

王师晓　南京师范大学教育科学学院

王苏明　南京市龙江小学

王　伟　南京市浦口区第三中学

王小雨　南京师范大学教育科学学院

王亚宁　南京师范大学教育科学学院

王艺蓉　南京师范大学教育科学学院

杨春梅　南京师范大学教育科学学院

杨美玲　南京江北新区浦口外国语学校

杨莹莹　南京师范大学附属小学仙鹤门分校

袁　烨　南京玄武外国语学校附属小学

张　慧　南京师范大学教育科学学院

张　霞　南京理工大学实验小学

张雅文　南京师范大学附属中学新城小学怡康街分校

张寅南　南京市建宁中学

章　伟　南京市玄武区教师发展中心

祝思璇　南京师范大学教育科学学院

前　言

随着大数据、虚拟与增强现实、生成式人工智能等新一代智能技术的蓬勃发展，以互联网为核心的"互联网＋教育"正成为重构现代教育系统和变革教育教学方式的核心推动力。2015年，国务院印发的《关于积极推进"互联网＋"行动的指导意见》首次提出利用互联网"探索新型教育服务供给方式"。2022年，《"十四五"国家信息化规划》明确了开展"互联网＋教育"云网一体化建设。同时，在科技革命浪潮的推动下，教育数字化转型已在我国教育改革发展的战略主题中占据重要地位，教育部怀进鹏部长在2022年全国教育工作会议上明确提出"实施教育数字化战略行动"，并将其写入《教育部2022年工作要点》；同年10月，党的二十大报告进一步强调"推进教育数字化"。南京市充分响应国家战略，以智慧校园创建为抓手，不断推进互联网技术与教育深度融合，以新技术促进教育理念、教学模式和管理模式变革，构建具有南京特色的互联网学习新生态。

为深入推动教育高质量发展，贯彻落实中共中央、国务院发布的《中国教育现代化2035》，中央网络安全和信息化委员会发布的《"十四五"国家信息化规划》和教育部等六部门发布的《关于推进教育新型基础设施建设构建高质量教育支撑体系的指导意见》，南京市发布一系列规划文件，如《南京市"十四五"教育信息化发展专项规划》《南京市政府办公厅关于推进智慧教育的实施意见》《南京市中小学智慧校园建设指导意见》等，大力推进南京市基础教育高水平智慧校园建设和"名师空中课堂·金陵微校"互联网学习平台建设相关工作，以高水平实现教学应用覆盖全体教师、学习应用覆盖全体适龄学生、智慧校园建设覆盖全体学校。

近年来，南京市通过推进智慧校园建设、中小学信息技术与教育教学深度融合等项目，不断完善教育信息化管理系统，促进信息时代教育变革创新，提升师生信息技术素养，全面打造"互联网＋教育"教学新生态。2022年和2023年作为深入推进教育数字化转型发展的两年，南京市加速技术与教育的双向奔赴进程，拓新教育环境、互联网资源、师生素养、教育治理等多方面的变革与发展。在此背景下，南京市积极推进高水平智慧校园建设，完善教育信息化公共服务平台和服务体系，重点打造"金陵微校"在线教育空中课堂，探索在线学习平台常态化运行机制。同时，全面实施中小学教师信息技术应用能力提升工程 2.0 三年行动计划，进一步提升教育管理者和一线教师的信息素养，不断探索与创新各类互联网学习应用成果。当前，南京市已基本形成区域统筹、学校主导、企业参与、家校合作的"互联网＋教育"多元格局，在教师信息素养提升、信息技术创新教育、互联网学习资源研发、网络安全等领域有效建成具有南京特色的互联网学习新样态。

《中国互联网学习报告》项目于 2014 年启动，由教育部教育管理信息中心牵头，北京师范大学、百度教育支持，联合国内知名大学、行业权威专家、研究机构、教育企业等合力编写，旨在呈现互联网教育整体特征，反映互联网教育应用实践现状和动态趋势，引领中国教育信息化融合创新实践水平，进而有效推动我国教育信息化实践进程。南京市作为区域代表，基础教育信息化教育实践成果已经连续五年入选《中国互联网学习报告》，通过展示南京实践、提供南京经验，形成了一系列具有南京特色的互联网学习典型案例与实践成果，发挥了较好的研究与引领作用。今后南京市将继续展现互联网学习的年度基本样态，持续探索符合南京互联网学习发展的新范式，推动南京教育信息化融合创新实践进程。

目　录

CONTENTS

CHAPTER 1
南京市基础教育互联网学习发展的年度概况

1.1 南京区域概况

2023 年，南京市为加快教育数字化转型，推动教育高质量发展，制定了《南京市"十四五"教育信息化发展专项规划》《南京市教育数据管理办法（试行）》等一系列规划与管理办法，从系统平台、应用场景、师生素养、赋能发展等方面多维发力、多措并举，努力构建网络化、数字化、智能化、个性化的教育体系。2023 年，南京市在互联网学习方面取得了显著成就，主要体现在以下方面。

在互联网学习队伍建设方面，南京市自 2015 年起，开始推动并实施中小学教师信息技术应用能力提升工程，目前已初步建成全市教育信息化专项培训体系，涵盖了学校管理者、教育信息化工作人员、学科教师等骨干群体。培训内容主要涉及网络安全、信息化教学、资源研发等信息化工作领域，为全市教育信息化的整体推进提供了有力的人才支持。2023 年，全市共实施 10 个教育信息化市级教师培训项目、11 场"省级网络名师工作室"交流活动以及若干各级各类培训活动，共有超过 4 万名教师参加，培训总学时达到 600 学时。同时，为提高师生互联网教与学能力和信息素养水平，南京市组织开展中小学教师微课比赛评审活动、教育信息化主题征文活动、中小学生信息素养提升实践活动、中小学生机器人竞赛活动、中小学网络文明夏令营活动，等等，全年参与师生人数近 10 万人次。

在互联网学习环境建设方面，2023 年南京市已率先实现省、市、区、校四级平台应用融合发展、数据互联互通、资源共建共享。"金陵微校"特色应用已在全市 267 所中小学实现常态化使用，上传各类资源 57 000 个，包括 7 700 个"南京市省级名师空中课堂"优质资源及 75 个体感交互学习资源，并对 4 300 个微课资源进行了知识图谱绑定。在市数据共享和开放平台上，更新了 80 个教育信息资源目录，开放 7 类教育数据共享目录，实现教育数据业务融合共享。此外，南京市还在积极开展课堂教学变革实践研究和未来教育场景探索研究，自 2021 年开始在全市各区遴选部分学校开展"未来教室"试点工作，到 2023 年已完成 15 所试点校的建设，创新打造以学生为中心的数字化互动学习空间。

在互联网学习应用创新方面，南京市积极开展信息技术与学科教学深度融合的教学研讨活动。2023 年组织了一系列教学研讨活动，包括 13 节新型研究课例、7 场创新应用主题分享，鼓励教师通过基于 VR 实验系统、"金陵微校"优质资源等新型教育应用，探索教学内容与形式、资源供给与服务、网络学习空间与环境支持等方面的创新。例如，在课堂教学中融入"趣味素材""电子课本"等多样化学习资源，以及"双人 PK""翻翻卡"等多元化互动手段，打造具有创新性和高效的智慧课堂。同时，南京市还举办了多项信息化助力跨学科创新研讨活动，以及全市范围的教育数字化转型背景下跨学科创新教学主题展示活动，构建了体现区域特征的中小学信息化跨学科创新应用模式，促进了学生互联网环境下的主动学习和深度参与。

1.2　研究设计与数据收集

　　了解南京市不同教育利益相关者在互联网学习中的主要实践，在总结经验与成效的基础上，明确未来发展趋势，认清进一步发展的关键问题，对后续更好地推进南京市互联网学习发展，促进信息技术与教育融合实践至关重要。

1.2.1　设计思路

　　本报告是对南京市互联网学习实践情况的整体描绘，既是对已有教育变化的一次系统反思，也是对在线教育与线下教育相结合进而形成常态教学的持续思考。因此，本报告目标主要包括：第一，准确把握南京市互联网学习的基本情况；第二，了解不同利益相关者对于互联网学习的基本态度、实践与变化；第三，总结并呈现体现南京特色的互联网学习实践案例；第四，系统思考未来互联网学习的发展趋势并探讨需要解决的关键问题。

　　南京区域报告的编写思路如下：首先，应用文献分析法梳理南京市发布的互联网学习相关政策文件，参照"中国互联网学习 CASE 模型"，从能力（C）、应用（A）、服务（S）、环境（E）四个方面，构建此次调研的理论工具；其次，确定调查目标，应用问卷调查法收集相关数据，并对其进行分析，依据数据分析结果和案例分析结果得出研究结论；最后，从南京市互联网学习的年度特征词、环境建设、学生学习、教师教学、教育管理、国家智慧教育平台应用情况以及南京市互联网学习的案例、未来互联网学习展望等方面制订本报告的结构框架，编制报告内容。

1.2.2　数据来源

　　本报告中的数据主要包括问卷数据与案例数据。问卷数据采用分层抽样的方式，通过调查南京市部分学校管理者、教师、学生获得。课题组采用两阶段分层抽样的方式，根据 25% 的抽样比例，抽取南京市部分学校及其管理者、教师、学生，抽样样本覆盖全市所有区域与所有学段（见表 1-1）。案例数据通过线下征集遴选的方式获得。课题组面向全市开展 2023 年《中国互联网学习发展报告》优秀案例的征集遴选工作，共收到 71 个案例，包括来自 9 个区的 39 个区域案例、2 个网络名师工作室案例、7 个能力提升工程 2.0 案例以及 5 个特别征集案例，经专家评审后，选用 18 个较为典型的案例，其中学前 1 个、小学 8 个、初中 5 个、综合校 1

个、区域 1 个、网络名师工作室 2 个。

表 1-1　数据采集名额分配情况

区　属	学前教育	小　学	初　中	高　中
玄武区	6	3	2	1
秦淮区	12	5	2	1
建邺区	6	3	2	1
鼓楼区	13	7	2	1
栖霞区	13	7	2	1
雨花台区	10	4	2	1
江宁区	21	5	4	1
六合区	10	5	4	1
溧水区	13	5	2	1
高淳区	10	5	2	1
江北新区	17	5	3	1
浦口区	6	3	2	1

1.2.3　样本分布

课题组通过问卷星平台向全市部分学校管理者、教师、学生发放，共收到来自南京市 12 个区的调查问卷 88 814 份（见表 1-2）。

表 1-2　不同调研对象问卷回收数量

问卷调研对象	问卷总数（份）	有效问卷（份）	有效比例（%）
学校管理者	666	597	89.64%
教　师	8 283	7 578	91.49%
学　生	79 865	72 514	90.80%

对开展互联网学习的学校管理者基本信息的调查主要包括年龄、性别、管理工作年限、学历、管理职务、所在学校性质、学校所在区域与学校所在城乡八个方面。调查显示，各年龄阶段的管理者占比较为均衡，其中 41—45 岁的管理者占比最多（33.89%）；女性管理者占比较多（62.92%）；管理者从事管理工作 15 年以下占比最多（33.84%）；从管理者的学历情况来看，本科学历占比最多（85.76%）；管理者职务为副校长占比最多（16.92%）；所在学校多为小学（70.18%）；初级中学的占比次之（19.93%）；来自市区、县镇和农村的学校管理者占比较为均衡（分别为 27.97%、39.36%、32.66%）。

对开展互联网教学的教师基本信息的调查主要包括性别、年龄、教龄、职称、任教学段、任教科目、任教学校所在区域、任教学校所在城乡、教师学历情况与教师专业发展情况十个方面。被调查教师中，女教师占比75.98%，显著多于男教师；26—35岁的教师占比最高（45.92%），25岁以下的教师占比最少（12.57%）；教龄在5年以下的教师占比最多（37.52%），6—10年的次之（19.63%），教龄在16—20年的教师占比相对较少（6.79%）；其中一级教师占比最高（39.22%），二级教师次之（30.04%）；小学教师占比最多（66.36%），高中教师占比最少（9.10%），这也与南京市师资队伍数量结构较为相符；参与调查的教师多为本科学历（84.31%），硕士研究生次之（13.64%）；参与调查的教师多数尚未取得骨干称号（76.58%），区县级骨干教师的占比次之（19.28%）。

对进行互联网学习的学生基本信息的调查主要包括性别、学段、学校所在区域与学校所在城乡四个方面。整体来看，男女生的比例比较均衡（分别为51.68%和48.32%）；小学高年段学生占比最多（37.18%），其次是小学低年段和初中阶段（分别为34.28%和22.05%），高中阶段占比最少；来自市区学校的学生占比最多（55.72%），农村学校最少（8.21%）。

1.3 互联网学习核心指标特征指数

结合管理者、教师、学生的互联网应用情况，项目组形成了南京市教师互联网教学能力、学生互联网学习能力核心指标特征指数（见表1-3和表1-4）。

表1-3 教师互联网教学能力核心指标特征指数汇总表

一级指标及特征指数		二级指标及特征指数		核心指标题项	核心指标特征指数
指标	指数	指标	指数		
教学能力（C）	4.05	技术操作（C1）	4.05	C11. 我能够熟练掌握多种技术工具，支持开展在线教学。	4.05
		资源整合（C2）	4.07	C21. 我能够根据教学目标与方法搜索并选择合适的互联网教学资源。	4.11
				C22. 我能够根据教学目标与方法合理改编或制作互联网教学资源。	4.02
		教学促进（C3）	4.02	C31. 我能够利用互联网开展多种类型的教学活动来提升教学效果，如探究式学习、项目式学习、同伴教学等。	4.05
				C32. 我能够利用互联网加强与学生之间的互动交流，及时为其提供针对性的指导。	3.99

（续　表）

一级指标及特征指数		二级指标及特征指数		核心指标题项	核心指标特征指数
指标	指数	指标	指数		
教学能力（C）	4.05	赋能学习者（C4）	4.02	C41. 我能够利用互联网针对学生自身情况实现个别化和差异化的教学或指导。	4.02
		学习评价（C5）	4.03	C51. 我能够利用互联网对学生进行过程性评价和总结性评价。	4.03
				C52. 我能够通过收集与分析学生的互联网学习数据来合理调整教学策略。	4.02
		专业发展（C6）	4.09	C61. 我能够利用互联网上的资源与课程持续促进自身专业发展。	4.09
				C62. 我能够利用互联网加强与其他教育工作者的交流合作、经验分享。	4.08
教学应用（A）	3.89	应用意愿（A1）	3.96	A11. 我会经常利用互联网开展教学。	3.96
		应用频率（A2）	3.92	A21. 我在课堂教学中经常利用互联网提供的资源和工具。	4.12
				A22. 我在教学中经常使用线上线下混合教学形式，如翻转课堂、探究学习等。	3.83
		应用方式（A3）	3.80	A31. 我经常利用互联网开展各种教学活动，如交流、投票、测试、虚拟实验等。	3.80
		应用效果（A4）	3.86	A41. 我很满意互联网教学的效果。	3.86
专业发展支持（S）	3.85	活动参与（S1）	3.80	S11. 我有机会参与国家级、省级、市级举办的互联网教学能力提升活动，如讲座、培训、研讨、研究等。	3.80
		活动效果（S2）	3.90	S21. 我所参加的互联网教学能力提升活动，能够为我开展互联网教学实践提供参考，并引发自主探究与反思。	3.90
		共同体建设（S3）	3.84	S31. 我的互联网教学探索经常能够得到本地教研小组、在线学习社群等专业共同体的支持。	3.84
教学环境（E）	4.04	资源环境（E1）	4.03	E11. 我很容易获取到满足教学需求的多样化网络教学资源，如文本、图片、视频等。	4.03
		技术环境（E2）	4.05	E21. 现有的教学平台与应用能够支持我开展多种类型的教学活动，如雨课堂、课堂派、钉钉、腾讯会议等。	4.05

表 1-4　学生互联网学习能力核心指标特征指数汇总表

一级指标及特征指数		二级指标及特征指数		核心指标题项	核心指标特征指数
指标	指数	指标	指数		
学习能力（C）	3.70	设备与软件操作（C1）	3.77	C11. 我能够熟练操作互联网学习所需的软件和设备。	3.77
		信息与数据素养（C2）	3.73	C21. 在利用互联网搜索时，我能够准确识别所需信息，过滤掉不相关的内容。	3.74
				C22. 我能够整理好搜集到的互联网信息与数据，以便于后续查找与使用。	3.64
				C23. 从互联网获取信息与数据时，我能够有自己的判断，不盲从他人观点。	3.80
		交流合作（C3）	3.82	C31. 进行在线交流与合作时，我能够尊重、理解他人观点，并简明清晰表达自己观点。	4.04
				C32. 我经常向他人分享高质量的学习资源。	3.59
		内容创造（C4）	3.28	C41. 我可以利用互联网资源和工具创作图片、文字、音视频等多种形式的作品。	3.51
				C42. 我常常通过互联网平台发布自己的作品，如朋友圈、QQ空间、抖音等。	3.05
		策略性学习（C5）	3.62	C51. 我能制订好学习目标和学习计划来支持互联网学习的开展。	3.57
				C52. 利用互联网进行学习时，我能够及时总结相关知识，巩固所学内容。	3.67
		互联网安全（C6）	3.96	C61. 我能够在互联网学习过程中保护好自己与他人的隐私，如不随意填写个人、家庭、朋友等相关信息。	3.98
				C62. 我能够有意识地避免互联网安全风险，如不轻易点击不明来源的链接与弹窗。	3.94
学习应用（A）	3.57	应用意愿（A1）	3.78	A11. 我非常愿意利用互联网进行学习。	3.78
		应用频率（A2）	3.47	A21. 我经常利用互联网进行学习。	3.47
		应用方式（A3）	3.57	A31. 我经常上网搜索并获取学习资料。	3.70
				A32. 我经常参与多种类型的互联网学习活动，如在线测试、在线讨论、在线答疑等。	3.44
		应用效果（A4）	3.28	A41. 我认为通过互联网学习的效果优于在教室学习的效果。	3.28

（续　表）

一级指标及特征指数		二级指标及特征指数		核心指标题项	核心指标特征指数
指标	指数	指标	指数		
学习服务（S）	3.73	学习策略（S1）	3.78	S11. 我会从教师或同伴那里学到有用的在线学习策略与方法，比如搜索技巧、学习工具、学习习惯等。	3.78
		学习评价（S2）	3.77	S21. 在互联网学习过程中，我能够从教师或同学那里获得有用的反馈与评价。	3.79
				S22. 根据我的学习表现，学习平台提供的反馈与评价，对于我改进学习很有帮助。	3.75
		寻求帮助（S3）	3.72	S31. 在学习中遇到问题时，我总能通过互联网获得教师或同伴的有效支持。	3.72
		动机与情感（S4）	3.65	S41. 互联网上的学习内容与活动，总是对我很有吸引力。	3.65
学习环境（E）	3.69	资源环境（E1）	3.73	E11. 我总能通过互联网获得许多好用的学习资源。	3.73
		技术环境（E2）	3.64	E21. 我在互联网学习时不会受到网速卡顿的影响。	3.55
				E22. 现有学习平台和工具能够很好地满足我的学习需求。	3.73

第二章

CHAPTER 2
南京市基础教育领域的年度特征词
及其解释

2.1 金陵微校 2.0 的应用推进

2021 年 12 月，南京市委市政府办公厅发布《南京市"十四五"教育发展规划》，明确提出要"完善教育信息化公共服务平台和服务体系建设，重点打造在线教育空中课堂——'金陵微校'，探索在线学习平台常态化运行机制"。南京市以"金陵微校"平台为依托，在全省率先实现省、市、区、校四级平台应用融合发展、数据互联互通、资源共建共享，为全市教师、学生、家长提供免费的、优质的教育资源，以区级联片教研展示课为抓手，从广度和深度两个维度来推动"金陵微校"的应用。

2.1.1 核心内涵

"金陵微校 2.0"是集有江苏味道、南京特色的教育、教学、综合评价、学生自主学习于一体的网络平台，纵向连接国家、省、市、区、校五级资源库，横向联通各类社会化资源，全力实现南京区域创新特色资源体系及资源的深度融合，向全市的中小幼学生、教师和家长提供更好的教育教学服务。同时，该平台通过技术手段记录学生学习数据，为教师提供学情数据，支持教师在数据教研的基础上实施精准教学，减轻教师与学生的课业负担，提高教育教学质量，以教育信息化引领更有品质的南京现代化教育。

2.1.2 主要应用

1. "金陵微校"促进优质教学资源的建设与推广

自 2021 年以来，"金陵微校 2.0"上教学资源的数量和质量都取得了较好成效与发展。"金陵微校"专递课堂拍摄制作了 502 个课程资源，涵盖疫情教育、心理健康等多方面内容，涉及学前教育、小学、初中各学段多个学科，在"金陵微校"、江苏有线、南京少儿、科技频道、牛咔视频、江苏电信 ITV 等平台播出，日最高访问量达 50 万人次。截至目前，全市使用"金陵微校"在线教学平台的中小学 267 所，覆盖 11 537 个班级，使用教师超 36 700 名，教师上传各类资源约 57 000 个。"金陵微校"发布涵盖中小学各学科同步资源 18 000 个，专题资源数 5 037 个，资源访问量约为 10.8 亿次，智能终端使用量约为 1 613 万人次。全市组织 1 500 名农村学生开展"金陵微校"优质资源共享共读活动，相关新闻被"江苏省教育信息化"微信公众号转载。此数据还在持续更新中。

2. "金陵微校"促进信息技术与教育教学的深度融合

2021 年 11 月 2 日，在南京市人民政府主办的"科技赋能疫情常态化防控应用场景专场发布会"上,"金陵微校"在线教学平台被选为参加路演的 10 项解决方案之一。目前"金陵微校"的发展定位已从普及转向常态运行到更深层次发展。一方面,全市推进平台的深入应用,助力智慧课堂的建设,积极探索"金陵微校"试点学校的常态化运行机制,聚焦混合教育新常态。江苏省六合高级中学附属初级中学的数学课,利用"金陵微校"平台的内置软件,精确画出函数图像,在教学过程中借助"金陵微校"平台的答题与投票功能现场解决学生学习过程中的问题,利用拍照上传功能实时呈现学生的思维过程,体现了信息技术支持下解决问题的优势。另一方面,更注重信息技术与教育教学深度融合的研究与实践,推动全市中小学利用"金陵微校"平台在教学中开展实践与应用。南京市江宁区汤山初级中学利用"金陵微校"将信息技术和智能技术深度融入教学、德育、管理全过程,通过云平台建设,实现以"金陵微校"和学科微课程资源为中心的校内校外一体化,通过大数据应用,实现教学行为智慧化,加快专业资源,如教案、课件、管理档案等的数字化,促进优质资源应用和管理。

2.1.3　进一步发展方向

后续南京市将继续大力推进"金陵微校"深度应用和品牌建设,着力打造有南京特色的网络学习空间,进一步扩大"金陵微校"品牌影响力,总体上从两个方面进行强化。第一,加强网络学习资源与平台建设,强化数据兼容与汇集功能,引进各种第三方应用和优质的教育教学资源,持续打造开放能力,进一步升级"金陵微校"门户网站,支撑体现个性化的泛在学习和便捷服务,形成师生个人网络学习空间,构建"人人皆学、处处能学、时时可学"的互联网学习环境。推出基于人工智能和大数据、具有各区校学情特点的作业管理平台,提供优质的题库资源,建立区本、校本经典题库。第二,构建动态数据库,支撑智慧课堂建设。构建智慧教学应用动态跟踪数据库,加强课堂教学过程的数据分析,实现基于数据的智能诊断、资源推送和学习辅导,实现基于大数据的科学决策,为师生的精准教学和个性化学习提供数据支撑。将目前各平台、各类数据进行整合和关联,打造具有南京特色的"教育超脑"。

2.2　数智素养的提升行动

2021 年 10 月,中央网络安全和信息化委员会印发《提升全民数字素养与技能行动纲要》,对提升全民数字素养与技能作出安排部署,提出 2035 年基本建成数字人才强国,全民数字素养与技能等达到更高水平。2023 年 5 月 16 日,以"数字赋能　全民共享"为主题的 2023 年江苏省暨南京市全民数字素养与技能提升月启动仪式在南京举行。南京市在教师信息化培训、面向学生的创客教育、人工智能教育等新一代信息技术与教育教学的深度融合创新工作方面取得了一定成效。

2.2.1　核心内涵

数智素养提升行动的关注重点主要是面向教师与学生这两类群体的数字素养提升，在教师层面，以教育数字化转型推进教师信息化培训，探索人工智能培训机制，帮助教师利用信息技术优化与创新教学方式和过程，帮助学校管理者优化学校管理机制；在学生层面，开展人工智能相关活动，加强人工智能课程建设，帮助学生在技术的体验与学习过程中不断提升自己的数智素养。

2.2.2　主要应用

1. 积极开展系统化、多元化的信息化教师培训

目前，南京市积极开展面向教师的信息化专题培训：已完成中小学（幼儿园）教师信息技术应用能力提升工程，65 000 名专任教师达标；开展信息化领导力专题培训，分 17 批次对全市中小学"一把手"校长和电教（信息）中心主任进行培训；分层次举办教务主任、德育主任、总务主任信息化专题培训班，已培训学校中层管理人员 1 500 余名；率先开展学校首席信息官及培养对象专题培训，先后培养 165 名学校首席信息官后备培养对象。2023 年，南京市共实施教育信息化市级教师培训项目 10 个，共培训管理者和骨干教师约 2 000 名，培训总学时达到 600 学时。部分学校为了保障顺利完成培训任务、克服执行中的困难而采取了相应的措施，例如南京高等职业技术学校在探索中形成了上下联动、学校—教研室—教师"三级协作"的工作体制和工作网络，采取"工作坊培训 + 三级协作"模式赋能的具体工作思路以及实施过程，从而赋能混合式校本研修。

2. 构建以校为本、精准测评的人工智能培训机制

南京市从 2019 年开始探索人工智能赋能教师专业发展的相关研究，开展基于教学能力智能诊断与分析的自适应学习和网络教研，促进教师专业化发展。目前，依托建邺区、江北新区这两个教育部人工智能助推教师队伍建设的试点区和 14 所试点学校开展人工智能助推教师专业化发展的研究，利用智能研修平台的精准数据分析，不断探索教研的新模式，提升教师的教学能力和水平，推动教师在场景视域中面向未来"善教乐研"。同时，在全市范围内面向在职教师开展人工智能培训，提高教师人工智能素养与智能化教学能力，计划在 2025 年使90% 以上的中小学教师参与并完成人工智能专题培训。2023 年，面向教师、学生及管理者的

相关专题研讨、培训等活动也在不断推进。例如 3 月在南京外国语学校明远小学举办了主题为"元宇宙—平行世界"的 2023 年南京市中小学人工智能专题研讨活动，众多专家及南京市人工智能试点校、培育校相关负责人参与了研讨学习。目前，南京市遴选了 26 所人工智能项目学校，将为相关教师提供多种方式的学习与培训，例如专家讲座，广州、深圳等地实地考察等。

3. 加强人工智能课程建设和应用研究

南京市积极探索中小学人工智能课程建设和实际应用，为提升师生的信息素养、促进人工智能课程教学的实践与改革打下坚实的基础，目前已逐步形成了具有校本特色的人工智能课程体系。例如，金陵中学实验小学的《智能学习伙伴计划：支持儿童学习变革的人工智能课程基地建设》主题课程，基于学校"金葵花"文化，以互联网思维和新一代技术为基础，重构学习模式，推动学习方式变革，构建知识图谱，使数据支持精准教学，进行了互联网思维下学习活动的设计。科利华中学面向全体学生开设人工智能必修课程，在智慧校园建设过程中，开设了一系列基于大班教学、面向全体学生的校本课程，如开源机器人课程开设 12 课时必修课，培养学生计算思维、工程思维和创新思维；人工智能课程开设 32 课时必修课，让学生尝试运用人工智能技术解决日常生活中的问题，初步感知人工智能技术的重要价值，形成工程思维和系统思维。南京市潭桥小学在一些学科上开展试点，在语文课堂上，利用 AR 等技术真实还原海洋中的动物，让学生近距离观察；在英语课堂上，利用语音识别技术纠正学生的英文发音；在数学课堂上，利用三维效果讲解立体图形，让学生更好地感知。软件谷第二小学也建设了人工智能驾驶课程体系等人工智能课程群。人工智能融入原有学校课程中，让学校教学更加人性化、乐趣化、精准化。

2.2.3 进一步发展方向

南京市将围绕全市教育数字化转型重点工作开展培训，以列入全市教育信息化重点工作及市重点信息化建设项目开展相关培训。第一，加强中小学创新教育骨干教师培训、数字科技应用、教学中的技术看点、教育资源设计与应用等方面的培训活动，提升教师数智素养，推进信息技术与教育教学融合创新。第二，按照党中央、省、市关于提升全民数字素养与技能的决策部署，围绕"一老一小"数字生活、数字学习、数字娱乐、网络文明等需求，聚焦"一老一小"数字素养服务，采取构造环境、营造氛围、组织线上和线下教学、开展各类公益活动等方式，全面提升"一老一小"数字素养和技能。第三，继续推进人工智能教育试点学校的培育工作，探索信息技术与学校教育融合新课程的发展路径，促进师生数智素养的共同提升。

2.3　基于未来教室的场景变革

为加快推动教育数字化转型，探索"互联网＋教育"环境下的教育教学新模式与人才培养新机制，推动教师教的方式与学生学的方式变革，南京市开展基于"未来教室"的研究与实践，探索未来学习的新模式。目前，南京市已推进金陵汇文学校小学部、南京市金陵中学实验小学、南京市第三中学等 15 所试点学校进行"未来教室"建设，基于"未来教室"开展各学科新型教学模式的探索和实践。其中，科利华中学紫金分校和逸仙小学为开展基于常态化教学环境下的"未来教室"，其余 13 所学校均为基于新空间、新环境下的"未来教室"。建设学校涵盖小学、初中学段，范围覆盖城市学校与农村学校。

2.3.1　核心内涵

"未来教室"着眼打破传统教学模式和传统教室的时空限制，改变以教师为中心的传统教学方式，融合现代教育技术，以数据为纽带，以各类空间为载体，以内容和课程为核心，以跨学科应用和学科工具为抓手，为学校进行创新教育、学生进行创新活动提供新型教学空间。其发展目标为建立以学生为中心的、线上线下融合的全场景智能教学体系，做到无缝融合、无感知切换，构建不受时空限制的泛在智能教学环境，建设"人人皆学、处处能学、时时可学"的学习环境和学习空间，形成线上线下常态化融合发展机制。南京市在 2021 年和 2022 年分两批打造"未来教室"，其建设与使用受到教师们的认可与喜爱。

2.3.2　主要应用

1. "未来教室"促进教学空间的融合及创新

"未来教室"着力打破传统教学模式和传统教室的时空限制，推进校园实体教室建设与网络教学空间建设，形成校内课堂教学与校外网络教学双场景融合使用。如金陵汇文学校小学部的"未来教室"（南京市第一批"未来教室"试点建设项目）通过多场景切换、物联网平台、录播和直播等实现设备远程遥控和自动控制，达到线上线下教学无缝切换效果。南京师范大学附属小学仙鹤门分校（南京市第二批"未来教室"试点建设校）选择了两间教室进行"未来教室"的建设及常态化应用试点，对教室的布局进行了重新规划，在设计上充分考虑空间利用率和灵活性，可以同时进行场景学习、小组合作学习、个人探究学习等；引入智能化教学设备，充分利用"金陵微校"平台，提供更加真实、生动的教学内容和交互式学习体验，为学生提供自由、开放的学习空间。

2. "未来教室"促进智慧化的教学活动

"未来教室"以"未来"为标签，采用先进的教学设备和技术改善教育教学环境，利用技术赋能学生学习与教师教学，落实信息技术在教学中的应用，促进全学科展开基于"未来教室"的教学实践。如金陵汇文学校小学部四年级科学《点亮小灯泡》一课，通过虚拟实验系统和"金陵微校"平台资源的结合，将虚拟实验、云白板、多屏互动等现代化信息技术融入教学活动中，学生亲历科学探究的过程。在"未来教室"里，学生以伙伴学习小组展开讨论，设计点亮小灯泡的方案，借助虚拟实验技术，模拟分析不同连接方案的可行性，找出正确连接简单电路中基本元件的方法。在这样智慧化的学习活动实践中，学生不仅掌握了科学知识，还培养了解决问题的能力、合作沟通的技巧和创新思维，这正是"未来教室"概念的核心价值所在。"未来教室"为教育工作者提供了丰富的教学资源和工具，使得课程内容更加丰富多元，教学方法更加灵活多样。教师利用技术手段提供指导和支持，帮助学生在探究过程中自我学习和成长，从而有效提升教学质量和学生的学习体验。

2.3.3 进一步发展方向

南京市将持续建设更多的"未来教室"，丰富交互式教学和融合课程资源，构建功能多样、互动性强的全场景智能教学体系，引进教学数据采集、创新教育数据采集和教室环境数据采集设备，实现"金陵微校"平台和"未来教室"的对接，为学校进行创新教育、学生进行创新活动提供新型教学空间，促进教学模式创新及学生的核心素养发展。通过"未来教室"的空间建设和深度应用，将"未来教室"建设成南京教育信息化的品牌项目。

第三章

CHAPTER 3
南京市基础教育领域的互联网
学习环境建设

学习环境是互联网学习活动开展的主要载体与基本条件，对学生的学习效果有着重要影响。南京市依托智能技术发展，持续变革与优化以学生为中心的学习空间，致力于建设有助于学生认知建构的高质量互联网学习环境。本章聚焦互联网教与学的资源环境建设和技术环境建设两个维度，重点关注南京市基础教育领域互联网学习环境建设的整体情况。

3.1　互联网学习环境建设整体情况

有关互联网学习环境的调查从学校、教师、学生三个方面展开。调查显示，南京市基础教育领域的互联网学习环境建设情况整体良好，两个维度均处于较高水平（见表 3-1）。其中，"互联网教与学的资源环境建设"维度在调研中相对较高（特征指数分别为 4.20、4.03、3.73），说明当前南京市互联网学习环境中资源建设的发展较好。整体来看，学校感知的互联网学习环境建设情况最好（特征指数平均值 4.15），更认可南京市在资源环境建设与技术环境建设上的情况。教师感知的互联网学习环境建设情况良好（特征指数平均值 4.04），对南京市在资源环境建设与技术环境建设上的情况都较认可。学生感知的互联网学习环境建设情况相对较弱（特征指数平均值 3.69），说明南京市后续应重点关注学生互联网学习过程中的使用体验与建设需求。

表 3-1　互联网学习环境建设整体情况

维　　度	互联网教与学的资源环境 建设特征指数	互联网教与学的技术环境 建设特征指数	特征指数 平均值
学校互联网教育环境	4.20	4.10	4.15
教师互联网教学环境	4.03	4.05	4.04
学生互联网学习环境	3.73	3.64	3.69

3.2　互联网教与学的资源环境建设

互联网学习的资源环境建设是指支持互联网教学与学习开展所需的资源。数据分析发现（见表 3-1），互联网教与学的资源建设水平较高（特征指数平均值 3.99）。其中，学校互联网教育环境相对最好（特征指数 4.20），说明学校开发与提供了丰富的教学与学习资源，学校管理者对学校互联网教育环境情况较为满意。然而，学生互联网学习环境的建设情况相对较弱

（特征指数 3.73），后续应重点关注学生在学习过程中对资源环境的使用情况与使用需求，多开发与建设契合学生学习需求的学习资源。

3.2.1 学校互联网教育的资源环境建设

南京市学校互联网教育的资源建设情况较好，线上教学平台、校本资源库和资源共享建设的特征指数分别为 4.21、4.20 和 4.20（见图 3-1）。大多数学校已有统一应用且运行稳定的线上教学平台和校本资源库，并将学校优秀资源或特色教育资源放在互联网上开放共享。整体来看，当前南京市大多数学校都已建设了丰富的互联网教育资源，且形成了优秀资源共建共享的教育生态。后续将继续保持目前已有的资源优势，重点推动优秀资源与特色资源的示范作用，扩大辐射范围。

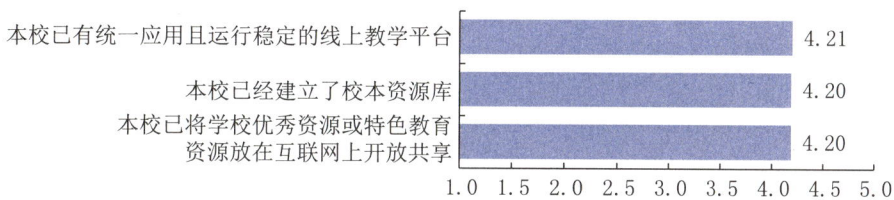

图 3-1　学校互联网教育的资源环境建设

师生可获得的教学资源与学习资源来源丰富（如图 3-2）。其中，绝大多数师生都会选择使用国家中小学智慧教育平台获取资源（占比 93.97%），说明国家中小学智慧教育平台资源丰富且普及率高，能够为师生提供满意的资源。其次，大部分师生也会从互联网中获取免费的公益性资源（占比 70.52%），也有部分师生选择学校自建资源（占比 48.74%）、学校自己购买的资源（占比 35.34%）、兄弟学校互联共享资源（占比 25.80%）等渠道获得学习资源。后续南京市将鼓励各学校将校内各学科的优秀课题、特色项目建设成为优秀资源，打造校内、校间、学科内共建共享的资源圈。

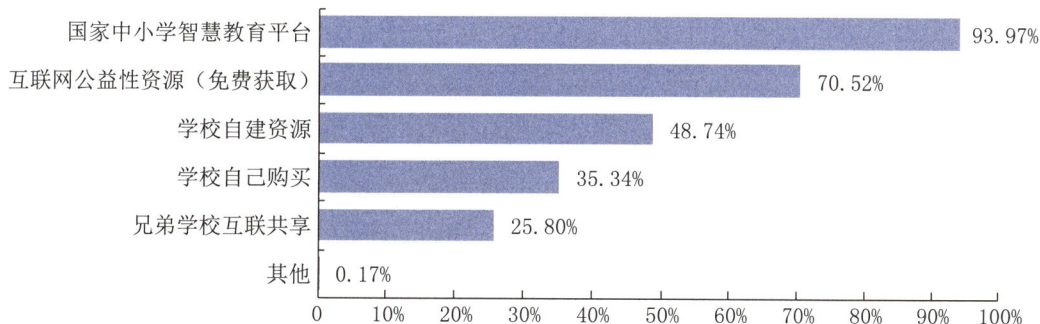

图 3-2　学校师生获取学习资源的主要来源

3.2.2 教师互联网教学的资源环境建设

教师对于互联网教学的资源建设情况较为满意（如图 3-3）。大多数教师认为现有的教学平台与应用能够支持教师开展多种类型的教学活动，且能够容易获取到满足教学需求的多样化网络教学资源（特征指数 4.05）。此外，大部分教师认为目前互联网的教学资源能够很好地满足自身需求，容易获取到多样化网络教学资源（特征指数 4.03）。

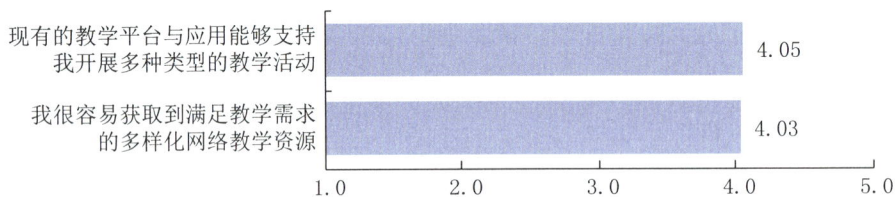

图 3-3 教师互联网教学的资源建设情况

分析教师使用的互联网教学资源种类（见图 3-4），86.22% 的教师使用过微课、MOOC 等教学素材类资源支持教学活动，67.25% 的教师使用雨课堂、腾讯课堂等在线教学类工具作为支撑平台，65.21% 的教师使用 WPS、Camtasia Studio 等资源制作类工具制作资源，说明大部分教师有按需制作教学资源的意愿与能力。思维导图等学习支架类工具（占比 34.47%）、问卷星等学习测评类工具（占比 27.76%）、快乐拼音等学科教学类工具（占比 15.19%）也是教师经

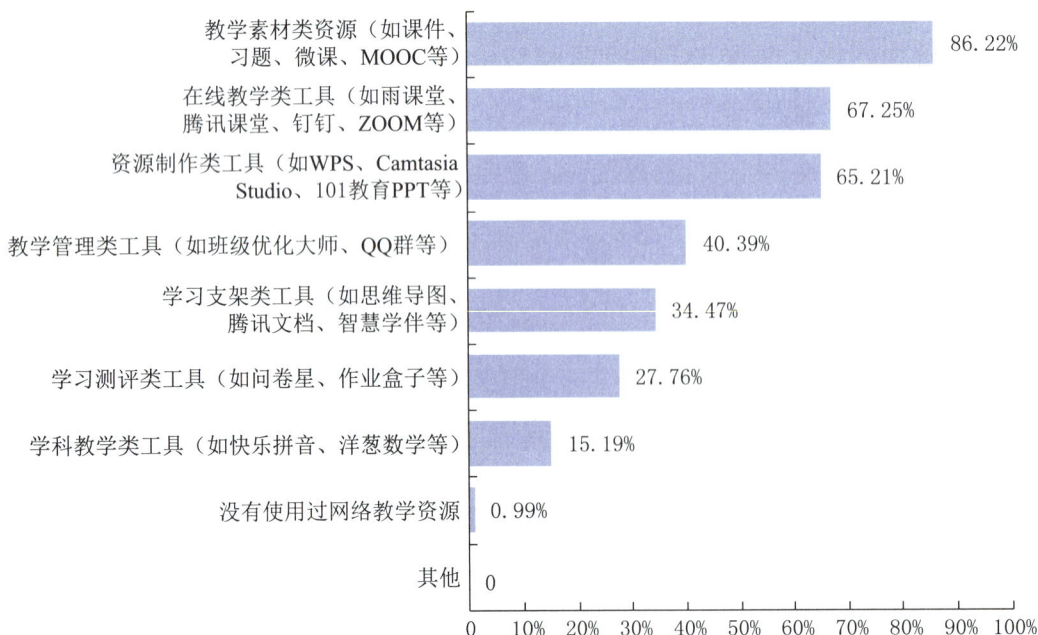

图 3-4 教师使用互联网教学的资源种类

常选择的资源类型。然而，还有 0.99% 的教师没有使用过网络教学资源。南京市后续在保障与优化教学资源的种类与质量的同时，将持续开展对教师的信息素养能力培训，增强教师主动使用互联网资源开展教学活动的意愿与合理使用互联网资源的能力。

分析教师获取教学资源的途径发现（如图 3-5），教师的教学资源大多数来自国家中小学智慧教育平台（占比 84.46%）、自己搜索（占比 56.76%）、省级教育资源公共服务平台（占比 53.81%）以及市级教育资源公共服务平台（占比 44.68%），说明目前教师能够在互联网上获取到丰富的教学资源，且国家、省级、市级提供的公共服务平台是教师获取资源的主流渠道。此外，也有不少教师会选择自己制作（占比 37.02%）、从学校购买的资源平台（占比 36.57%）或自己购买（占比 25.38%）的方式来获取资源。

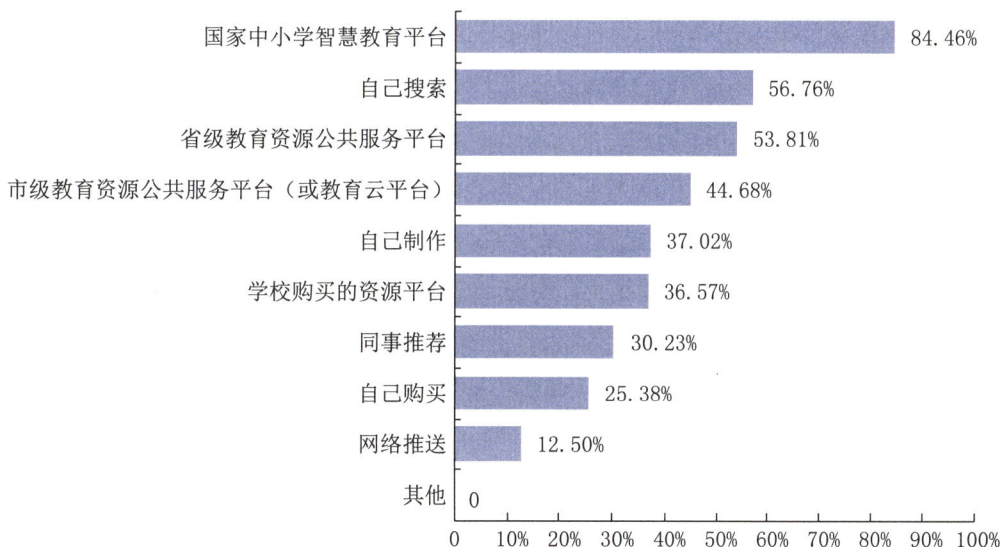

图 3-5 教师获取教学资源的途径

3.2.3 学生互联网学习的资源环境建设

调研发现（见图 3-6），大多数学生（66.99%）认为互联网"完全符合"或"比较符合"他们获取便利学习资源的需求。然而，也有一定比例的学生（13.64%）认为互联网在提供合适学习资源方面表现不佳，认为其"不符合"或"完全不符合"他们的需求。后续南京市将更关注学生的多样化学习需求，使学生更容易通过互联网获得适合学习需求的优质学习资源。

调查学生获取学习资源的途径（见图 3-7）发现，学生的学习资源大多数来自国家中小学智慧教育平台（占比 72.04%）、教师推荐的免费平台（占比 50.93%）、学校的网络平台（占比 43.42%）、省级教育资源公共服务平台（占比 35.53%）。其中，国家、教师推荐的免费平台及

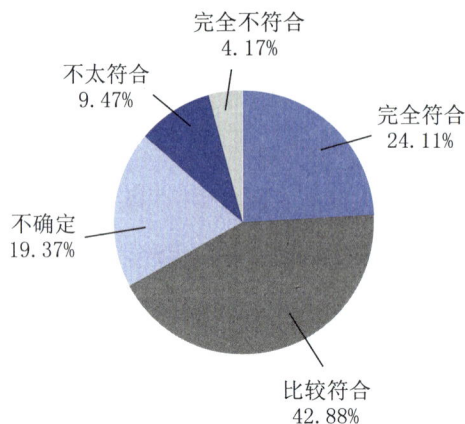

图 3-6 学生互联网学习资源使用的情况

学校的网络平台是学生获取学习资源的主流渠道。部分学生会选择自己搜索（占比 29.03%）、本市 / 区 / 县的教育云平台（占比 26.96%）以及付费平台（占比 8.83%）的途径寻找学习资源。可见，学生对于资源平台的应用集中在国家、学校与教师推荐的免费平台上，且当前网络资源平台的使用并未完全普及。

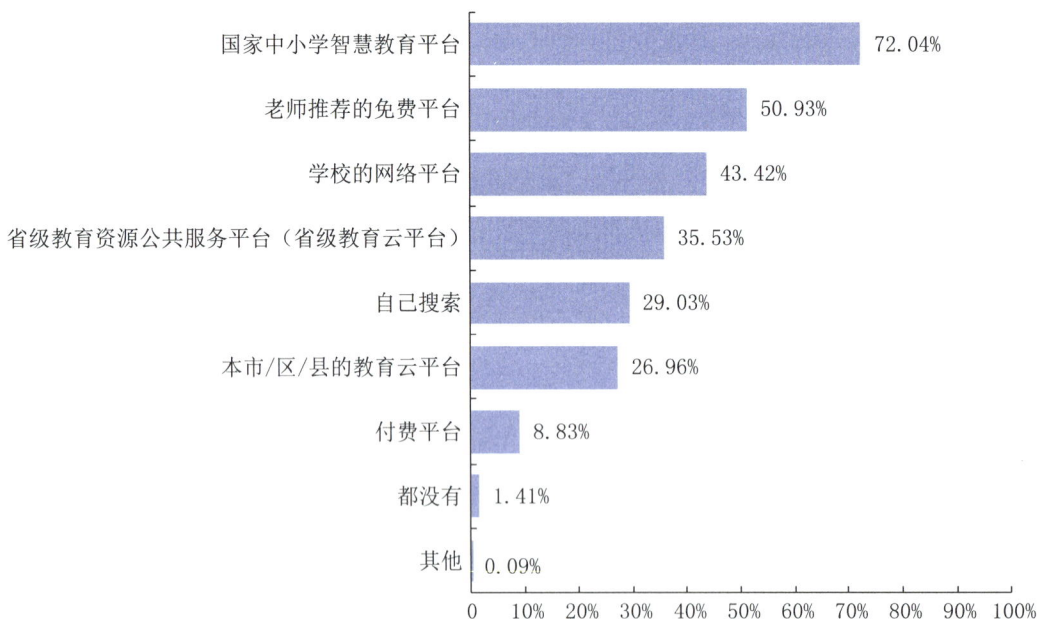

图 3-7 学生获取学习资源的途径

3.3 互联网教与学的技术环境建设

数据分析发现（见表 3-2），互联网教与学的技术环境建设水平较高。其中，学校互联网教育环境相对最好（特征指数 4.10），学校管理者对学校互联网技术环境建设情况较为满意。但学生互联网学习环境的建设情况相对较弱（特征指数 3.64），说明后续应重点关注学生在学习过程中对技术环境的真实使用需求，建设契合学生学习需求的技术环境。

表 3-2　互联网教与学的技术环境建设情况

维　　度	互联网教与学的技术环境建设特征指数
学校互联网教育环境	4.10
教师互联网教学环境	4.05
学生互联网学习环境	3.64

3.3.1　学校互联网教育的技术环境建设

学校层面的整体情况良好（见图 3-8）。其中，在无线网络建设（特征指数 4.58）与互联网教学设备配备（特征指数 4.55）两方面建设情况优秀，大部分学校的教学、办公区域已经实现了无线网络全覆盖，并为教师配备了互联网教学设备。同时，大部分学校建立了专门的技术团队为互联网教学提供支持和保障（特征指数 4.36），配有至少一个班额的学生平板电脑（特征指数 3.95）。但调研中也发现，有部分学校并没有要求师生开展互联网教学和学习（特征指数 3.07）。后续南京市将关注对师生使用互联网教学和学习的要求与评价标准，以促进学校的技术环境建设。

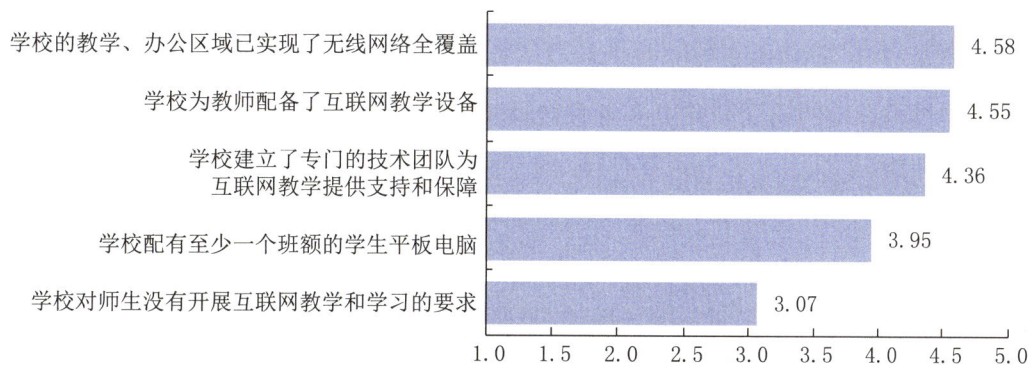

图 3-8　学校互联网教育的技术环境建设情况

根据调研数据（见图 3-9），学生在校内使用移动学习终端的方式主要是学校购买少量移动学习终端供各班学生按需申报使用（占比 44.72%），其次是区域为学校配备了少量移动学习终端供各班学生按需申报使用（占比 30.01%）与学校购买了少量移动学习终端仅供实验班师生使用（占比 24.96%）。通过区域全部配备或以家长购买、学生应用（BYOD）的方式实现学生能够按需使用的比例较低（分别占比 13.40%、7.88%）。值得注意的是，部分学校不允许学生在校内使用移动学习终端，且占比达 16.52%。整体而言，南京市普及学生在校内使用学习移动终端的使用还处在起步阶段，需要投入更多的移动学习终端供学校和学生按需及时使用。

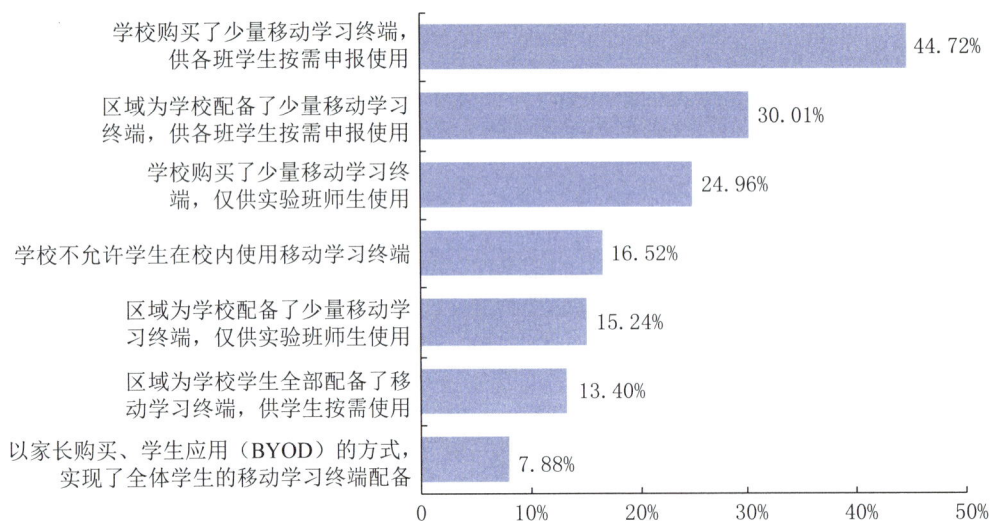

图 3-9　学生校内使用移动学习终端的方式

3.3.2　教师互联网教学的技术环境建设

根据调研数据，绝大多数教师认为现有的教学平台与应用能够支持他们开展多种类型的教学活动（见图 3-10），但也有 2.88% 的教师认为现有的教学平台与应用尚不能支持他们开展教学活动，后续技术环境的建设需要更多考虑教师使用习惯与使用的便捷性，让更多教师利用技术开展互联网教学。

教师在"互联网＋"环境下开展教学会遇到多种障碍（见图 3-11）。网络环境不稳定（占比 58.00%）、无法快速找到想要的资源（占比 40.47%）、工作平台不好用（占比 34.51%）、自己的技术应用能力弱（占比 34.30%）、难以获得及时的技术支持（占比 30.64%）等是教师在"互联网＋"环境中开展教学遇到的主要困难。此外，应用互联网开展教学，效果不理想（占比 25.40%）、教学任务重（占比 23.62%）、不知如何组织互联网教学（占比 9.55%）也是教师遇到的阻碍来源。仅 4.51% 的教师认为没有遇到障碍。南京市后续一方面会加强网络环境的建设，确保网络环境的稳定、安全；另一方面会注重为教师提供便捷易用的工具，对平台上的资源进行质量筛选、明确分类，以便教师能够快速获得想要的资源。

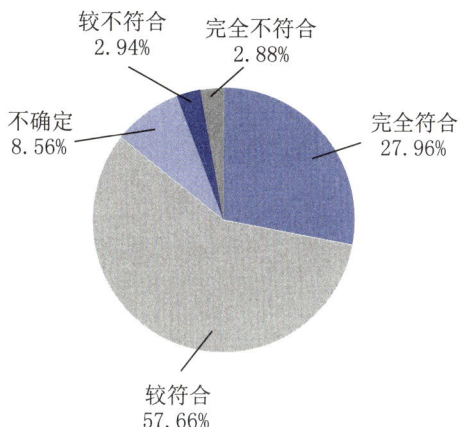

图 3-10　教师互联网教学的技术环境情况

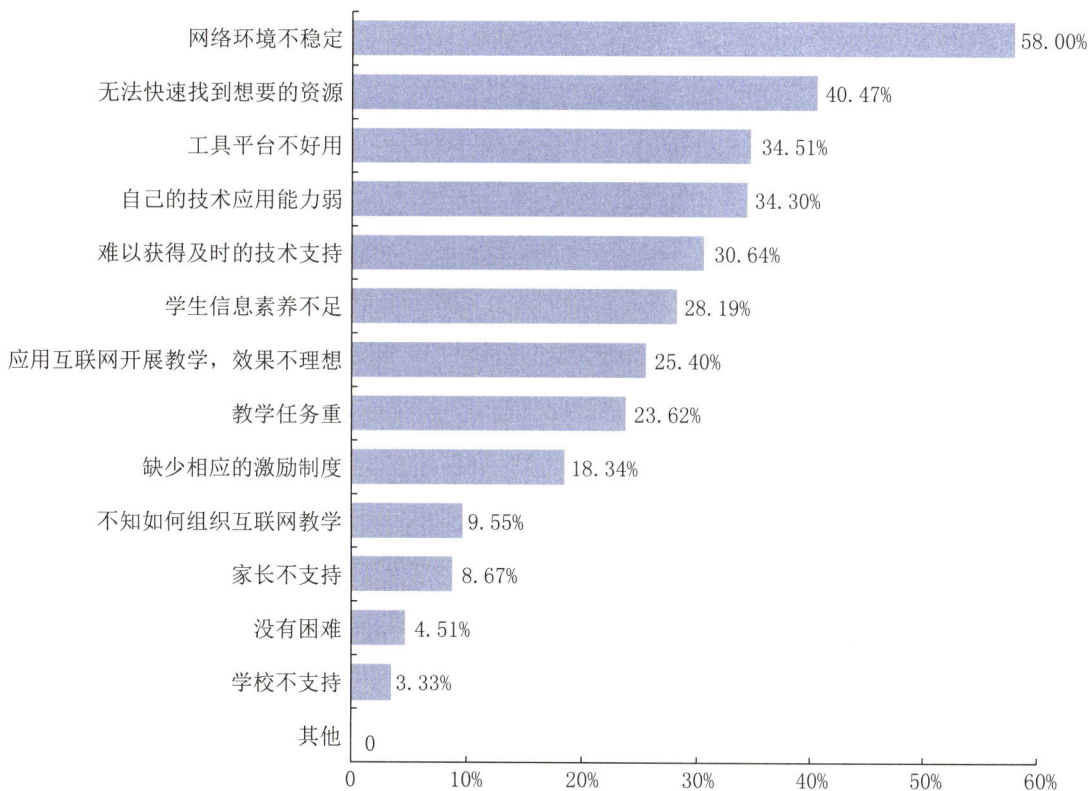

图 3-11　教师在"互联网+"环境下开展教学遇到的障碍

3.3.3　学生互联网学习的技术环境建设

从学生层面看，南京市学生互联网学习的技术环境建设整体情况较好（见图 3-12），大部分学生认为他们现有学习平台和工具能够很好地满足学习需求，在互联网学习时不会受到网速卡顿的影响。

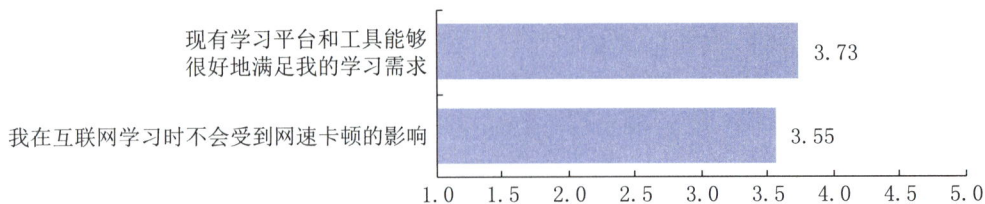

图 3-12 学生互联网学习的技术环境建设情况

关于互联网学习的场所（见图 3-13），绝大部分学生在家里进行过互联网学习（占比 98.86%），在学校进行互联网学习的次数较少（占比 19.46%），后续将依据学生互联网学习的真实需求，对学校互联网学习的场所进行建设。

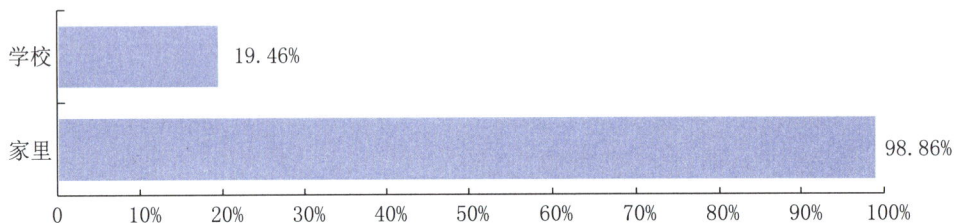

图 3-13 学生进行互联网学习的场所

在互联网学习设备方面（见图 3-14），大多数学生会使用手机（占比 65.07%）与平板电脑（占比 59.66%）进行互联网学习，笔记本电脑次之（占比 32.53%），台式机占比最少（14.31%）。

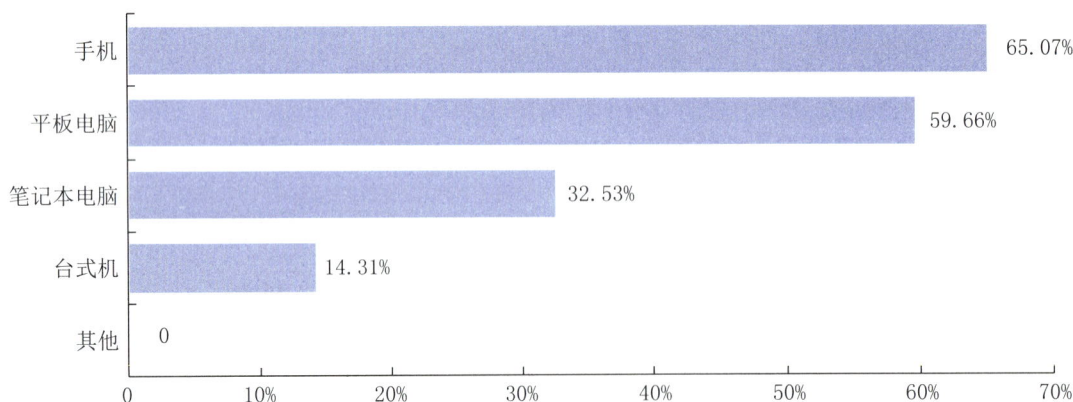

图 3-14 学生互联网学习的常用设备

3.4 互联网学习环境建设情况总结

本章从互联网教与学的资源环境建设、互联网教与学的技术环境建设两个维度，对学校管理者、教师、学生进行调研，分析了南京市基础教育领域的互联网学习环境建设情况。整体而言，互联网学习环境建设能满足师生教与学的需求，但仍存在一定的提升空间。

在互联网教与学的资源环境建设方面，现阶段互联网教学与学习的平台、资源丰富多样，大部分师生能够获取到所需的学习资源。在学校层面，大部分学校已有统一应用且运行稳定的线上教学平台，师生能够通过国家中小学智慧教育平台、互联网免费的公益性资源、学校自建资源等渠道获得丰富的教育与学习资源。在教师层面，大多数教师能够依托现有的教学平台与应用开展多种类型的教学活动，并从多平台获取多样化的网络教学资源。在学生层面，大部分学生能够从国家中小学智慧平台、教师推荐的免费平台等渠道获得学习资源，但也有少部分学生无法很容易地获得满足学习需求的资源，有 1.41% 的学生（见图 3-7）尚没有通过互联网获得学习资源的经历。后续南京市将从以下几方面加强互联网学习的资源环境建设：第一，鼓励各学校将校内的优秀课题、特色项目建设成为优秀资源，创设开放多元、共建共享的互联网资源生态；第二，持续建设与优化优质教学资源，持续开展对教师信息素养的能力培训，提升教师主动在互联网环境中开展教学活动的意愿与高效使用、建设互联网资源的能力；第三，重点关注学生在互联网环境中的学习需求，建设符合学生真实需求的网络资源。

在互联网教与学的技术环境建设方面，整体来看情况良好。绝大部分学校完成了教学、办公区域的无线网络全覆盖建设，为教师配备互联网教学的设备，保障教师能够开展互联网环境下的教学活动，但教师在"互联网+"环境下开展教学仍存在网络环境不稳定、无法快速获得想要的资源等阻碍。在学生层面，大部分学校为学生提供了至少一个班额的平板电脑，部分学校配备的移动终端开放供学生按需申报使用，整体使用效果较好，但仍有很多学生无法及时使用到智能移动设备，且部分学校未将建设的电脑教室、平板教室开放使用。后续南京市将从以下几方面加强互联网学习的技术环境建设：第一，加强网络环境的建设，确保教师与学生能够享受快速、流畅的网络学习环境；第二，为师生打造提供智能化、个性化、便捷化、高效化的工具平台，确保师生能及时在网络中获得技术支持，快速获得高质量的资源；第三，鼓励学校制定师生使用互联网教学和学习的要求与评价标准，促进学校建设的电脑教室、平板教室资源能及时解决学生需求；第四，综合考虑学生对移动学习终端的使用需求，并结合各个学校教学的实际情况，推进移动学习终端的部署与高效使用。

第四章

CHAPTER 4
南京市基础教育领域互联网时代
的学生学习

互联网突破时空局限，为学生提供更广阔的学习空间与更充足的学习资源，培养学生形成面向真实与未知世界的学习力。学生作为互联网学习的主体，在享受互联网便利的同时，也对其相关的能力素养提出了新要求。本章将重点关注互联网时代下，南京市基础教育领域学生的互联网学习情况，包括互联网学习能力发展、学习应用现状及学习支持服务。

4.1　学生互联网学习整体情况

南京市基础教育阶段学生互联网学习整体水平较高（见表 4-1）。其中，学生学习支持服务特征指数最高（特征指数 3.73），学生学习应用维度特征指数相对较低（特征指数 3.57），表明学生在互联网学习过程中能够充分获取相应的学习服务，但在应用维持方面还存在进一步提升的空间。

表 4-1　学生互联网学习整体情况

维　　度	特征指数
学习能力（C）	3.70
学习应用（A）	3.57
学习支持服务（S）	3.73

4.2　学生互联网学习能力发展

学生互联网学习能力发展是指学习者有效利用互联网开展学习所需的相关能力，包括设备与软件操作、信息与数据素养、交流合作、内容创造、策略性学习、互联网安全六个维度（见表 4-2）。其中，互联网安全意识水平相对最高（特征指数 3.96），说明学生在互联网学习过程中能够保护自己和他人的隐私，应对互联网学习中潜在的风险。然而，学生在学习内容创造方面，运用互联网资源或工具进行多种媒体形式的内容创造的能力相对较弱（特征指数 3.28）。后续应持续关注学生利用互联网进行知识建构，以内容创造促进高阶思维能力的发展。

表 4-2　学生在互联网学习能力发展情况

维　　度	特征指数
设备与软件操作（C1）	3.77
信息与数据素养（C2）	3.73

（续　表）

维　　度	特征指数
交流合作（C3）	3.82
内容创造（C4）	3.28
策略性学习（C5）	3.62
互联网安全（C6）	3.96

4.2.1　学生设备与软件操作水平

数据显示（见图4-1），大部分学生都能够熟练操作互联网学习中所需要的软件和设备，也有少部分学生认为在互联网学习中难以进行合理选择以及熟练使用相关的软硬件资源（占比4.91%）。后续须为学生提供相应培训以及学习资源，并引导他们掌握常见的技术问题及相对应的解决方案，帮助形成基本的操作能力，提升自身水平。

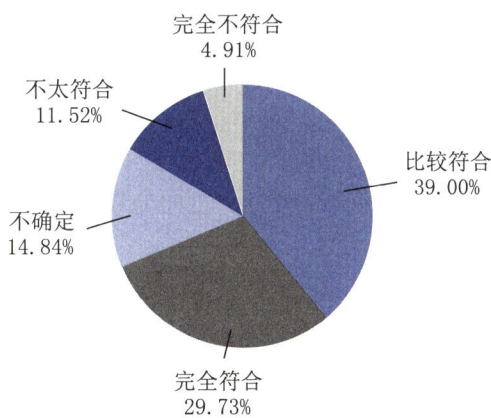

图 4-1　学生设备与软件操作水平

4.2.2　学生信息与数据素养水平

信息与数据素养水平属于互联网学习中的高阶学习能力。数据显示（见图4-2），学生信息与数据素养水平较高，基本能够搜集、整理以及甄别获取的信息与数据。其中，学生在获取信息和数据过程中的判断能力最高（特征指数3.80），信息的识别与筛选能力次之（特征指数3.74），表明学生普遍具备良好的批判性思维能力，能够高效管理获取的信息和数据。然而，学生在信息与数据的整理方面相对较弱（特征指数3.64），后续需要强化学生利用互联网评估、管理相关信息与数据的能力。

从互联网获取信息与数据时，我能够
有自己的判断，不盲从他人观点　　3.80

在利用互联网搜索时，我能够准确识别
所需信息，过滤掉不相关的内容　　3.74

我能够整理好搜集到的互联网信息
与数据，以便于后续查找与使用　　3.64

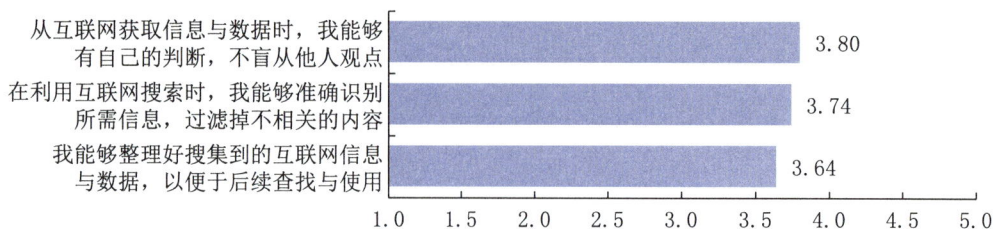

图 4-2　学生信息与数据素养水平

4.2.3　学生互联网交流合作能力

调查发现（见图 4-3），学生在利用互联网进行交流合作时，能够做到尊重、理解以及自我表达（特征指数 4.04），说明学生懂得并积极遵守互联网环境的相关礼仪，这也是互联网交流合作的前提。但学生在学习资源的分享上差距较大（特征指数 3.59），后续需要加强引导，促进学生提高优质资源共享的意识和能力。

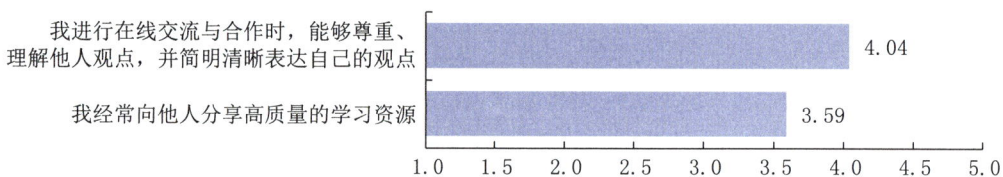

我进行在线交流与合作时，能够尊重、
理解他人观点，并简明清晰表达自己的观点　　4.04

我经常向他人分享高质量的学习资源　　3.59

图 4-3　学生互联网交流合作能力

4.2.4　学生互联网内容创造能力

互联网内容创造能力是指利用互联网资源或工具进行多种媒体形式的内容创造的能力，并能够遵守版权与许可协议，属于互联网学习的进阶能力，是互联网学习的价值体现。调查发现（见图 4-4），整体上学生的内容创造能力较低。学生能够做到利用互联网进行作品的创作（特征指数 3.51），但在个人作品的分享与传播方面缺乏相应的意识（特征指数 3.05），后续将重点关注这方面，鼓励学生形成共享精神，进一步培养学生的创造性思维。

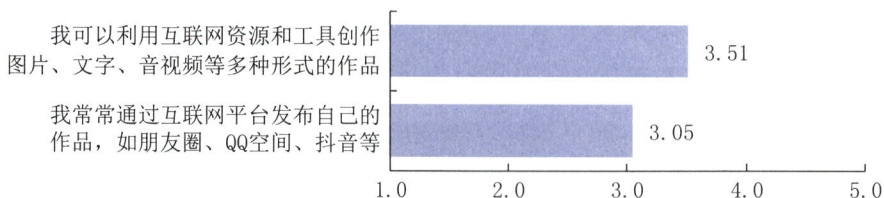

我可以利用互联网资源和工具创作
图片、文字、音视频等多种形式的作品　　3.51

我常常通过互联网平台发布自己的
作品，如朋友圈、QQ空间、抖音等　　3.05

图 4-4　学生互联网内容创造能力

4.2.5　学生互联网策略性学习能力

互联网策略性学习能力是互联网学习提质增效的关键能力。调研结果表明（见图4-5），学生在互联网学习中能够及时总结巩固学习内容（特征指数3.67），在目标、计划的制订以及学习的开展上有待进一步提高（特征指数3.57），后续需要引导学生养成良好的学习习惯，提高学习效率。

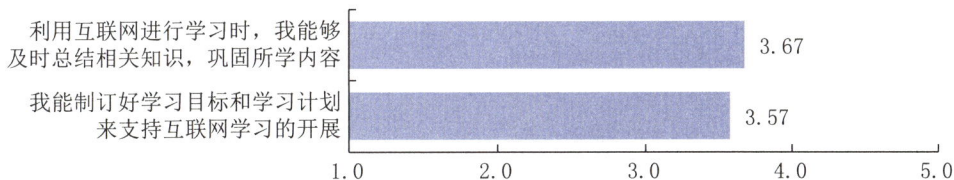

图 4-5　学生互联网策略性学习能力

4.2.6　学生互联网安全意识水平

学生互联网安全意识是指在利用互联网的同时，有保护自身与他人隐私并避免潜在安全风险的意识。调研发现，学生互联网安全意识处于较高的水平（见图4-6）。学生在互联网学习中能够做到保护自己和他人的隐私（特征指数3.98），不轻易点击不明链接和弹窗（特征指数3.94），具备安全风险意识，后续应帮助学生拓展保护信息安全的其他有效策略。

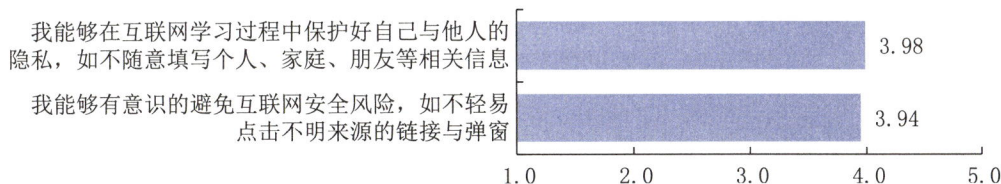

图 4-6　学生互联网安全意识水平

4.3　学生互联网学习应用现状

互联网学习应用现状指学生在学习中应用互联网的意愿、策略与效果等方面的情况，包括使用学习应用的意愿、频率、方式与效果。调研结果显示（见表4-3），学生的互联网学习应用现状整体较好（特征指数3.57）。其中，学习应用意愿水平较高（特征指数3.78），学习应用方式多元（特征指数3.57）。但在使用频率和对互联网学习效果的满意度方面相对较低（特征指数分别为3.47、3.28），存在进一步提升空间。

表 4-3　学生互联网学习应用现状

维　　度	特征指数
学习应用意愿（A1）	3.78
学习应用频率（A2）	3.47
学习应用方式（A3）	3.57
学习应用效果（A4）	3.28
学习应用（A）	3.57

4.3.1　学生互联网学习应用意愿

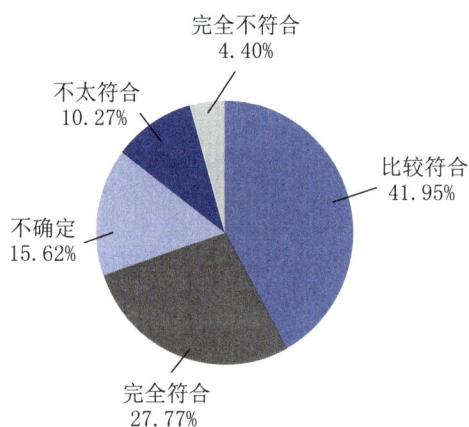

图 4-7　学生互联网学习应用意愿情况

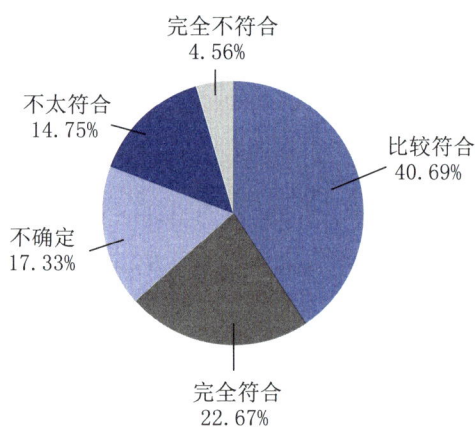

图 4-8　学生互联网学习应用频率

学生互联网学习应用意愿是互联网学习的出发点和动力。调研显示（见图 4-7），大部分的学生利用互联网进行学习的意愿较为强烈（占比 69.72%），表明学生乐于接受新型的互联网学习方式。

4.3.2　学生互联网学习应用频率

学生互联网学习应用频率是了解互联网学习现状的主要指标。调研显示（见图 4-8），63.36% 的学生经常利用互联网学习，说明互联网学习给学生带来了较好的体验。在互联网学习时长上（见图 4-9），0.5—1 小时的学生比例最多（占比 33.74%），其次为 0.5 小时以内以及 1—1.5 小时的学生（分别占比 20.76% 和 17.15%），这与学生实际情况相符合。值得关注的是，完全不使用的学生比例不低（占比 8.18%）。后续须进一步了解互联网学习应用频率较低的学生可能存在的问题和困难，设法提高其互联网学习的应用水平。

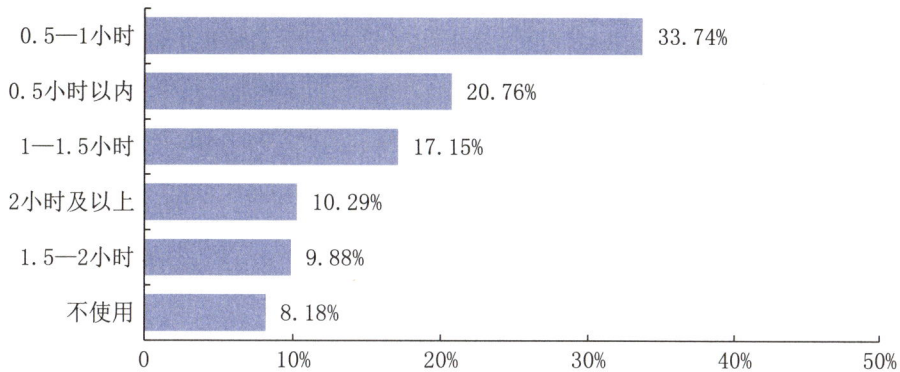

图 4-9　学生互联网学习时长

4.3.3　学生互联网学习应用方式

调研表明（见图 4-10），学生在利用互联网时能够较好地开展多种类型的学习活动。其中，学生利用互联网学习在线课程或观看直播讲座、寻求问题解决办法以及搜索学习资源与工具的比例较高（分别占比 68.40%、67.90%、67.23%）。相对地，学生在使用互联网完成虚拟实验、参与虚拟场馆学习的比例相对较低（分别占比 10.64% 和 8.91%）。

在学生体验过的活动中（见图 4-11），使用互联网接收学习任务以及听教师线上讲课占比较高（分别占比 89.14% 和 87.86%），而使用互联网进行探究活动比例较少（占比 28.75%）。这表明，学生使用互联网应用的原因主要来自学习任务，自主探究的机会较少，后期将鼓励教

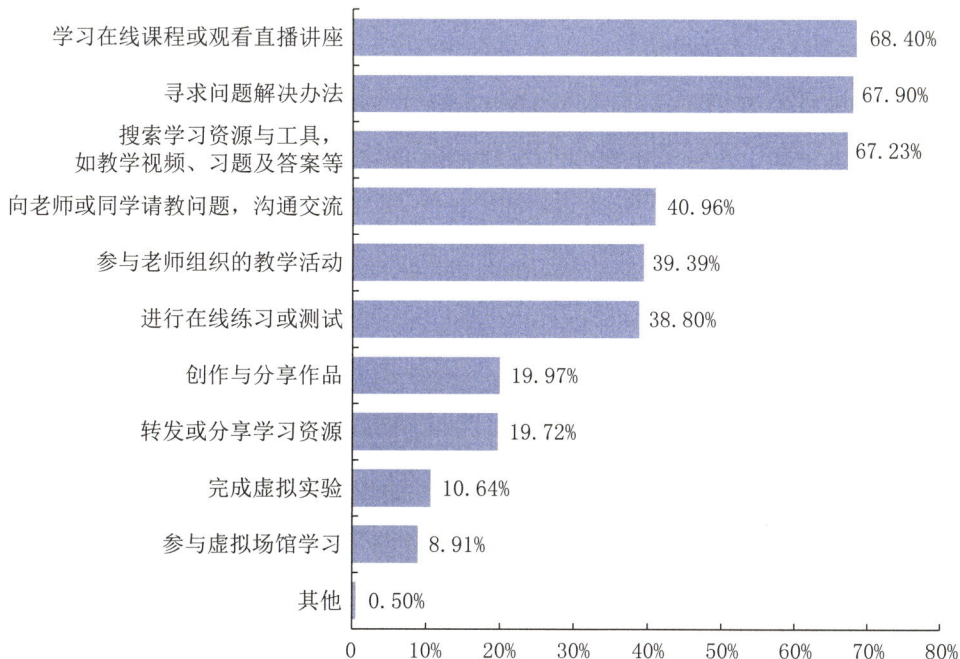

图 4-10　学生互联网学习活动类型

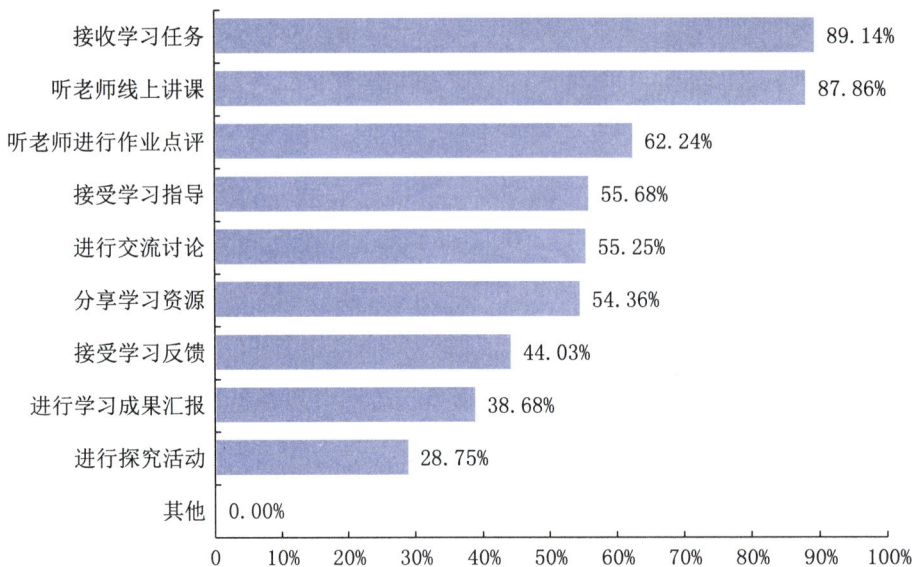

图 4-11　学生互联网学习活动体验

师将互联网真正融入学生学习，培养学生数字化学习和创新能力。

4.3.4　学生互联网学习应用效果

　　关于互联网学习应用效果的调研结果能够帮助我们了解学生作为主体的最直观体验。互联网学习应用效果在学生满意度方面存在一定差距，其中最多比例的学生（23.36%）认为应用效果与他们的满意度不太符合，22.68% 的学生对于应用效果是否符合他们的满意度持不确定态度。总体来说，学生对于互联网学习的效果满意度较差，仅有 15.17% 的学生表示对于学习效果非常满意。调查数据呈现出了这一严峻的现实情况，后续将深入研究其背后的原因，根据问题制订针对性的方案以提升学生互联网学习效果的满意度。

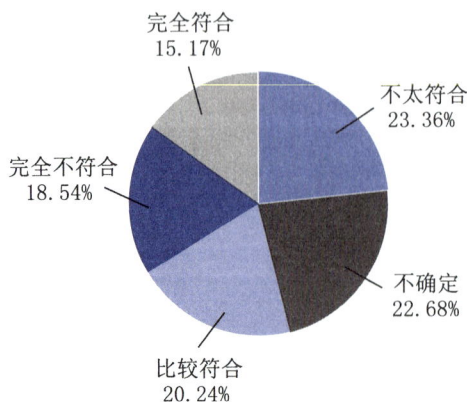

图 4-12　学生互联网学习应用效果

4.4　学生互联网学习支持服务

学生互联网学习支持服务包括学习策略支持、学习评价支持、寻求帮助支持、动机与情感支持。调研结果显示（见表4-4），学生在互联网学习中能够获取较好的支持服务（特征指数3.73）。其中，在学习策略上学生获得的支持指数最高（特征指数3.78），说明学生在互联网学习中能够轻松获取相应的在线学习策略与方法。学生在互联网学习中获得动机激励与情感支持相对较低（特征指数3.65）。后续将侧重关注如何引导学生在互联网学习中与他人持续交互，实现自身知识建构。

表 4-4　学生互联网学习支持服务现状

维　　度	特征指数
学习策略支持（S1）	3.78
学习评价支持（S2）	3.77
寻求帮助支持（S3）	3.72
动机与情感支持（S4）	3.65
学习支持服务（S）	3.73

4.4.1　学生互联网学习策略支持

在学习策略支持方面（见图4-13），约70%的学生选择了"完全符合"或"比较符合"，认为他们能够从教师、同伴或专门讲座与课程中了解到互联网学习策略和方法，比如搜索技巧、学习工具、行为习惯等，整体处于"较好"水平。

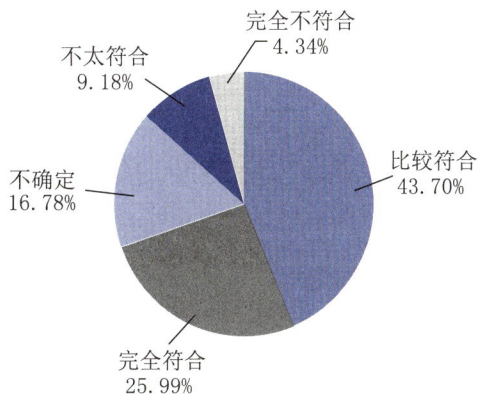

完全不符合 4.34%
不太符合 9.18%
不确定 16.78%
比较符合 43.70%
完全符合 25.99%

图 4-13　学生互联网学习策略支持

4.4.2 学生互联网学习评价支持

互联网学习评价支持主要了解学生在互联网学习中获得来自教师、同伴与互联网学习平台的有效评价与反馈的相关情况。数据显示（见图 4-14），学生获取学习评价支持的总体水平较高。来自教师或同学的评价支持占大多数（特征指数 3.79），学习平台提供的反馈也能够较好地帮助学生开展互联网学习（特征指数 3.75）。

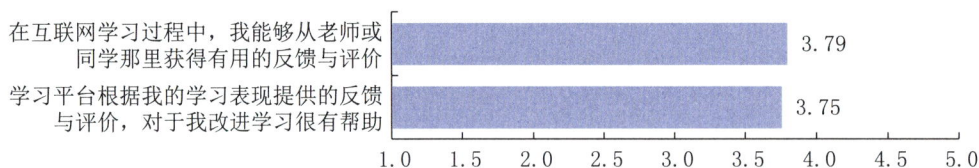

图 4-14 学生互联网学习评价支持

4.4.3 学生互联网寻求帮助支持

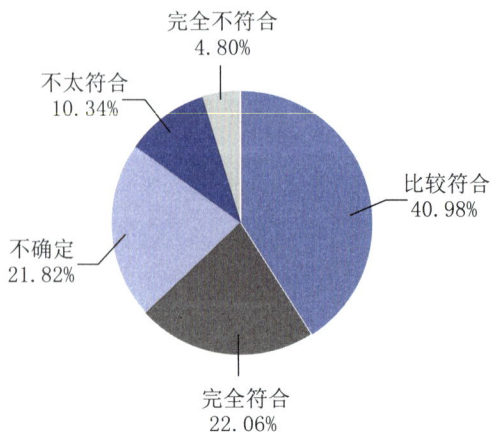

互联网寻求帮助支持主要调查学生在互联网学习中遇到问题与寻求帮助时能否获得及时回应与令人满意的回答。数据显示（见图 4-15），41.65% 的学生表示"比较符合"，24.30% 的学生表示"完全符合"，这说明互联网作为知识获取载体具有及时性，能够及时帮助学生解决当下所遇到的问题。

4.4.4 学生互联网学习动机与情感支持

互联网学习动机与情感支持主要是了解学生所获得的动机激励来源和情感支持。数据显示（见图 4-16），在互联网学习中有充足的动机或情感支持方面，63.04% 的学生选择了"完全符合"或"比较符合"，表示他们的学习动机充分或比较充分。然而，约三分之一的学生（32.16%）

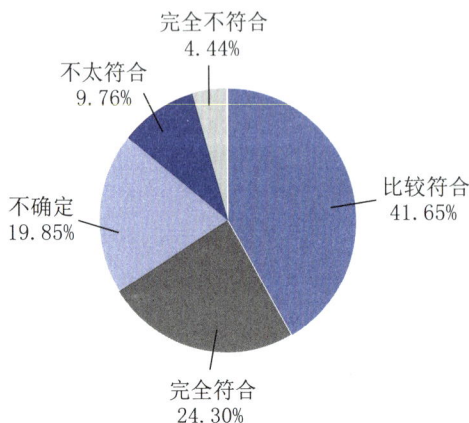

图 4-15 学生互联网寻求帮助支持　　图 4-16 学生互联网学习动机与情感支持

对学习动机持不确定态度或认为动机不足，4.80%的学生明确表示对互联网学习缺乏任何动机和情感支持。这可能与学生开展互联网学习的主要原因有关。调研显示（见图4-17），学生开展互联网学习的主要原因中，完成教师布置的任务、更好地理解所学知识占多数（分别占比70.21%、69.86%），满足自我的兴趣爱好和与他人交流占少数（分别占比43.43%、29.80%）。这表明学生互联网学习的动机主要来自外部，内在动机占少数。动机与情感相关联，外部动机难以促进学生形成互联网学习的吸引力，因而学生开展互联网学习的情感支持也随之下降。

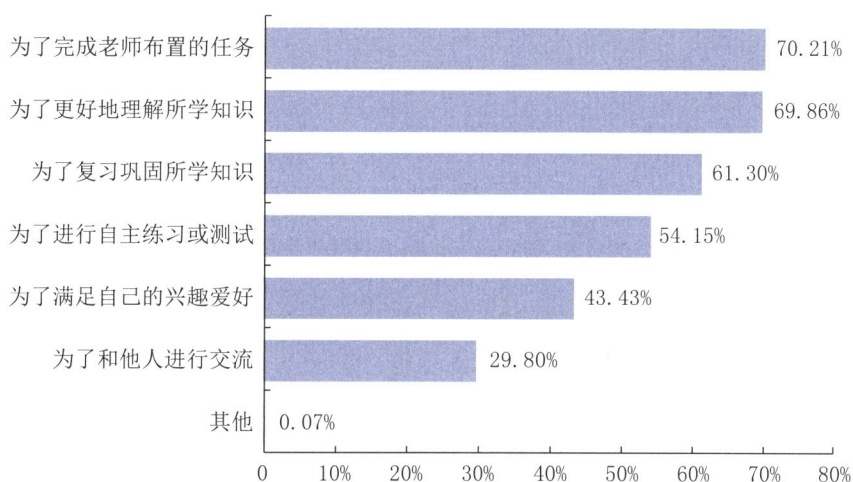

图 4-17　学生使用互联网学习的主要原因

4.5　学生互联网学习情况总结

本章从学生互联网学习能力发展、互联网学习应用现状以及互联网学习支持服务三个维度，分析了南京市基础教育领域的学生互联网学习的总体情况。整体而言，南京市学生的互联网学习能力处于较高水平，互联网应用意愿较强，能够获取所需的策略和评价支持，但仍有改进的余地。

在互联网学习能力发展方面，学生能够正确选择并熟练操作相应的平台或软件来满足自己的学习需求，选择适当的手段自主、全面地搜集和筛选信息，且具有较强的网络安全与伦理意识。但在内容创造（特征指数3.28）、信息与数据整理（特征指数3.64）、学习目标的制订及学习的开展（特征指数3.57）上有待进一步提高。后续南京市将从以下几方面加强学生互联网学习的能力发展：第一，强化学生学习利用互联网评估、管理相关信息与数据的能力，培养学生的批判性思维；第二，提高学生利用互联网资源或工具进行多种媒体形式的内容创造的意识，培养学生的创造性思维；第三，持续引导学生良好的互联网学习习惯，提升对学习目标的掌握，进行合理有效的计划安排。

在互联网学习应用现状方面，南京市互联网学习应用意愿处于较高水平，学生能够利用互联网学习的灵活性、便携性来获取相应的在线学习策略与方法，开展多种类型的学习活动，提升自己学习的效率。但是，在学习应用的频率（特征指数 3.47）和学习应用的效果（特征指数 3.28）维度上还存在一定的提升空间。学生的互联网学习应用多为接受教师的任务和指导，缺少有深度、富有创造力的个性化学习活动，且学生互联网学习投入时长较短，超过 60% 的学生互联网学习不超过 1 小时，存在一定的提升空间。

在互联网学习支持服务方面，大部分学生对互联网学习内容与活动设计的反馈较好，具有较高的参与度和积极性，能够通过互联网得到有效学习策略、学习评价和反馈，以不断完善个人知识体系。然而，学生在互联网学习中获得的动机激励与情感支持相对较低（特征指数 3.65），后续可以从以下几方面改进：第一，了解学生的互联网学习需求，协助学生培养积极的学习态度，提升学习兴趣；第二，采用互动平台及工具提高学生互动频次，增进学生与课程内容、教师和同伴的交流，在交流协作中深化理解；第三，鼓励学生探索互联网新事物，提供必要的技术支持，激发学生的学习信心和内驱力。

第五章

CHAPTER 5
南京市基础教育领域互联网时代
的教师教学

互联网以其民主、自由、开放、多元的特性为教师之间的资源共享和深度交流提供了便利，为教师开展个性化的教育教学创造了条件。在互联网背景下，教师如何把握自我与技术的关系，避免技术依赖；如何更好地利用互联网开展教育教学；如何充分利用互联网技术和互联网思维获得更好的专业发展，是必须思考的问题。

5.1 教师互联网教学整体情况

互联网时代的教师教学重点关注教师在互联网教学中的教学能力、教学应用以及互联网对教师专业发展支持等方面发挥的重要作用。调查发现，目前，教师互联网教学的能力整体处于"较好"水平（特征指数为 4.05）（见表 5-1）。调查发现，教师在互联网教学应用方面表现也较好（特征指数 3.89），说明教师能够较好地在实际教学中应用互联网。同时发现，教师在互联网教学专业发展支持方面表现较好（特征指数 3.85），说明教师在互联网教学中十分重视专业能力的培养以及专业知识的提升，关注学科知识与专业能力的发展。

表 5-1 教师互联网教学整体情况

维　　度	特征指数
教学能力（C）	4.05
教学应用（A）	3.89
专业发展支持（S）	3.85

5.2 教师互联网教学能力发展

互联网时代的教师教学能力指的是教师有效开展互联网教学所需的能力，该部分重点关注教师在互联网教学中的技术操作、资源整合、教学促进、赋能学习者、学习评价以及专业发展等方面发挥的重要作用（见表 5-2）。其中，教师在互联网教学的专业发展支持方面表现较好（特征指数 4.08），说明教师在互联网教学中十分重视专业能力的培养以及专业知识的提升，关注学科知识与专业能力的发展。教师在互联网教学资源整合方面的表现，整体处于"较好"水平（特征指数 4.07），说明教师能够较好地对实际教学中的教学资源进行整合，从而更好地辅助教学。再次，教师在互联网教学的技术操作方面整体处于"较好"水平（特征指数 4.05），说明教师能较好地明确在互联网教学中所需要使用到的技术手段，同时很好地明确了技术的功能、用途以及如何对技术进行操作。此外，教师在互联网学习评价方面的表现也较好（特征指数 4.03），说明教师能够较好地利用互联网开展教学评价，帮助学习者进一步改善与提升。教师在利用互联网促进教学（特征指数 4.02）和赋能学习者方面（特征指数 4.02）整体均处于"较好"水平，表明教师不仅能有效利用互联网对教学方法进行改进并支持自主学习，还能在教学中持续促进学习者的主动参与和深层学习。

表 5-2　互联网在教师教学能力发展支持的情况

维　　度	特征指数
技术操作（C1）	4.05
资源整合（C2）	4.07
教学促进（C3）	4.02
赋能学习者（C4）	4.02
学习评价（C5）	4.03
专业发展（C6）	4.08
教学能力（C）	4.05

5.2.1　教师互联网教学中的技术操作水平

教师互联网教学中的技术操作水平指的是教师对于互联网教学所需的一系列技术操作的掌握程度。对教师互联网教学技术操作中工具使用及问题解决情况调查表明（见图 5-1），86.16%的教师认为自己可以熟练掌握多种技术工具，并使用相应的技术手段来支持在线教学的开展。

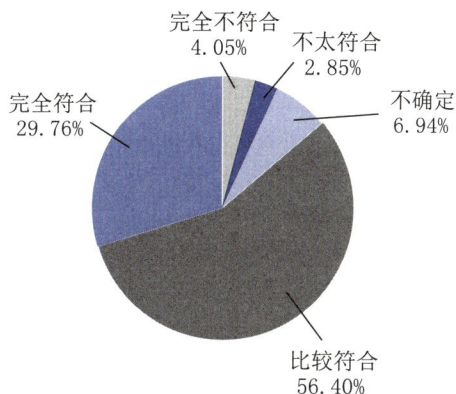

图 5-1　教师互联网教学技术操作能力

5.2.2 教师互联网教学中的资源整合水平

互联网教学中的资源整合水平指的是教师使用合理方式对互联网教学资源进行引用与制作的能力。教师资源整合整体处于"较好"水平（见图 5-2），不仅能够很好地根据教学目标与方法搜索与选择合适的互联网教学资源（特征指数 4.11），而且能够较好地根据教学目标与方法合理改编或制作互联网教学资源（特征指数 4.02）。

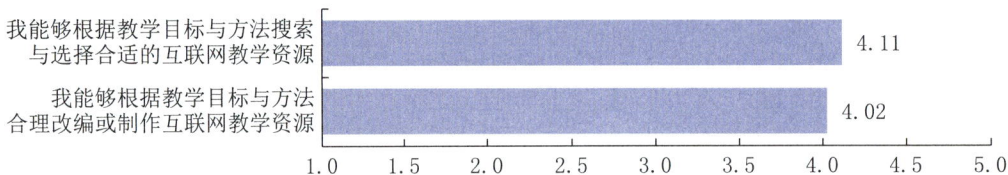

图 5-2　教师互联网教学资源整合能力

5.2.3 教师互联网教学中的教学促进水平

互联网教学中的教学促进水平指教师能够利用互联网改进教学方法与支持学生自主学习的能力。如图 5-3 所示，教师利用互联网促进教学整体处于"较好"水平，不仅能够利用互联网加强与学生之间的互动交流，并及时为学生提供针对性的指导（特征指数 4.05），还能够很好地利用互联网开展多种类型的教学活动来提升教学效果，如探究式学习、项目式学习、同伴教学等（特征指数 3.99）。

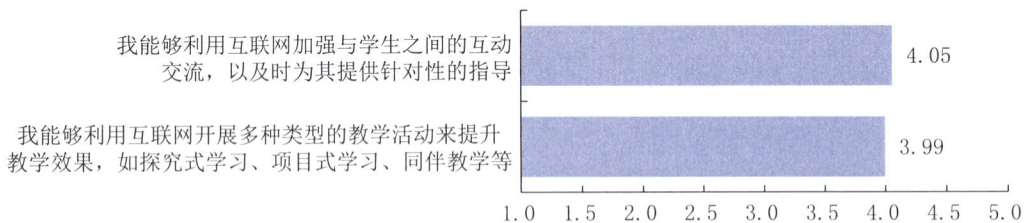

图 5-3　教师互联网教学促进能力

5.2.4 教师互联网教学中的赋能学习者水平

互联网教学中的赋能学习者水平指教师能够实现个性化与差异化教学，并促进学习者的主动参与和深层学习的能力。对教师赋能学习者情况调查表明（见图 5-4），教师在互联网教学中赋能学习者学习的能力整体处于"较好"水平，84.95% 的教师表明能够较好地利用互联网针对学生自身情况实现个别化和差异化的教学或指导。

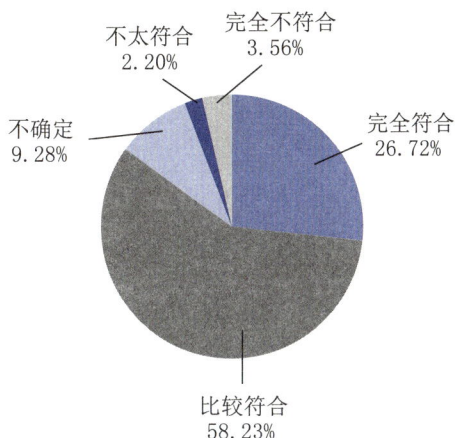

图 5-4　教师互联网教学赋能学习者能力

5.2.5　教师互联网教学中的评价反馈水平

互联网教学中的评价反馈水平指利用互联网来支持学习评价策略的能力。如图 5-5 所示，教师评价反馈整体处于"较好"水平。一方面，教师能够结合互联网学习工具，对学生进行过程性评价和总结性评价（特征指数 4.03）；另一方面，教师也能够通过收集与分析学生的互联网学习数据来合理调整教学策略（特征指数 4.02）。后续可以引导教师设计更丰富的互联网学习评价方式，以提升整体评价水平。

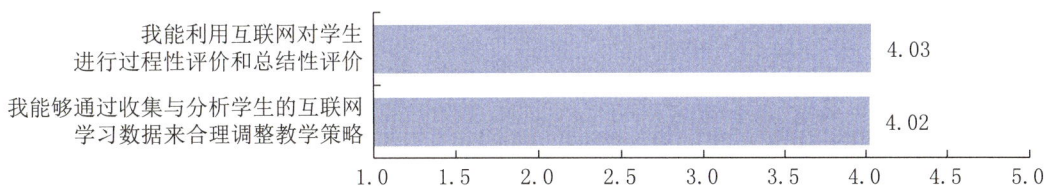

图 5-5　教师互联网教学评价反馈能力

5.2.6　教师互联网教学中的专业发展水平

互联网教学中的专业发展水平指教师反思互联网教学实践和利用互联网支持专业发展的能力。整体来看，教师专业发展整体处于"较好"水平（见图 5-6），不仅能够很好地利用互联

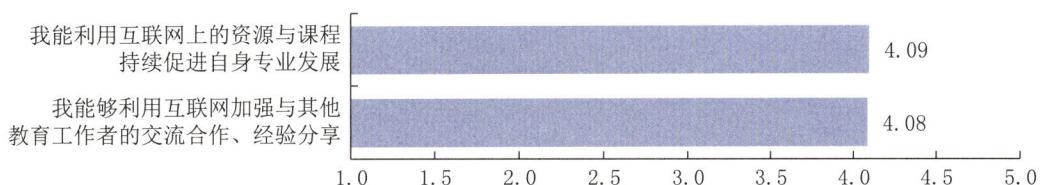

图 5-6　教师互联网教学专业发展能力

网上的资源与课程持续促进自身专业发展（特征指数 4.09），而且能够较好地利用互联网加强与其他教育工作者的交流合作、经验分享（特征指数 4.08）。

5.3 教师互联网教学应用现状

互联网时代的教师教学应用重点关注教师在互联网教学中的应用意愿、频率、方式与效果。其中，教师在互联网教学的应用意愿方面表现较好（特征指数 3.96），说明教师对于开展互联网教学的意愿较为强烈，但在应用方式等方面还有待加强（特征指数 3.80）。

表 5-3　教师互联网教学应用现状情况

维　　度	特征指数
应用意愿（A1）	3.96
应用频率（A2）	3.92
应用方式（A3）	3.80
应用效果（A4）	3.86
教学应用（A）	3.89

5.3.1 教师互联网教学应用意愿

对教师应用意愿情况的调查表明（见图 5-7），教师教学应用意愿整体处于"较好"水平，80.22% 的教师对利用互联网开展教学的意愿较强烈，会经常使用互联网来开展教学，以促进学习者个性化学习。

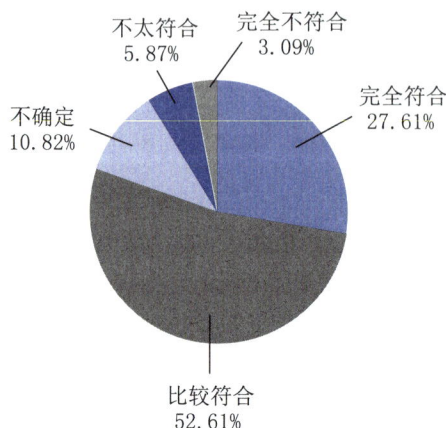

不太符合 5.87%
完全不符合 3.09%
完全符合 27.61%
不确定 10.82%
比较符合 52.61%

图 5-7　教师互联网教学应用意愿

5.3.2 教师互联网教学应用频率

互联网教学应用频率能够显示出教师实现互联网教学常态化应用的能力（见图5-8）。调查表明教师互联网教学应用频率整体处于"较好"水平，不仅能够在课堂教学中经常利用互联网提供的资源和工具（特征指数4.12），而且能够在教学中经常使用线上线下混合教学形式，如翻转课堂、探究学习等（特征指数3.83）。

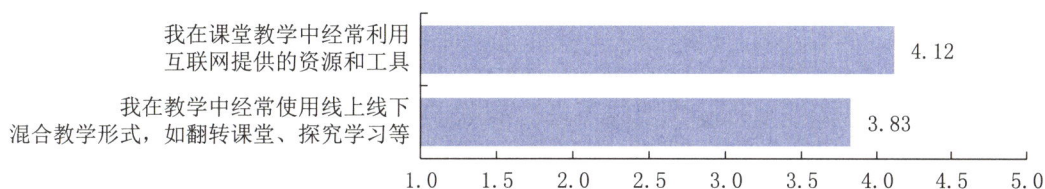

图5-8 教师互联网教学应用频率

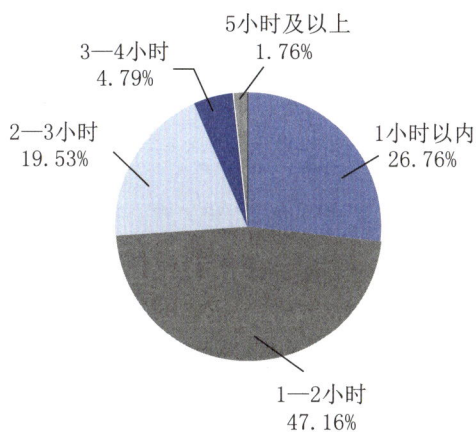

图5-9 教师互联网教学应用时间

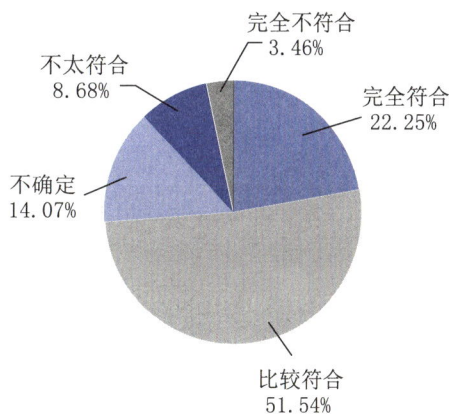

图5-10 教师互联网教学应用方式

此外，对教师使用互联网准备教学情况调查表明（见图5-9），73.92%的教师表明平均每天使用互联网开展教学的时间在2小时以内，只有少数（6.55%）教师准备教学时间超过了3小时，这表明互联网教学在保障教学质量的同时也有效地提升了教师的工作效率。

5.3.3 教师互联网教学应用方式

互联网教学应用方式指运用多种互联网教学方式，设计与开展多种类型的互联网教学活动。调查表明（见图5-10），教师教学应用方式整体处于"较好"水平，73.79%的教师会经常利用互联网开展各种教学活动，如交流、投票、测试、虚拟实验等。

此外，对教师在互联网支持下开展过的教学模式情况调查表明（见图5-11），85.56%的教师在互联网支持下开展过课堂教学，75.52%的教师使用互联网开展过线上教学，还有

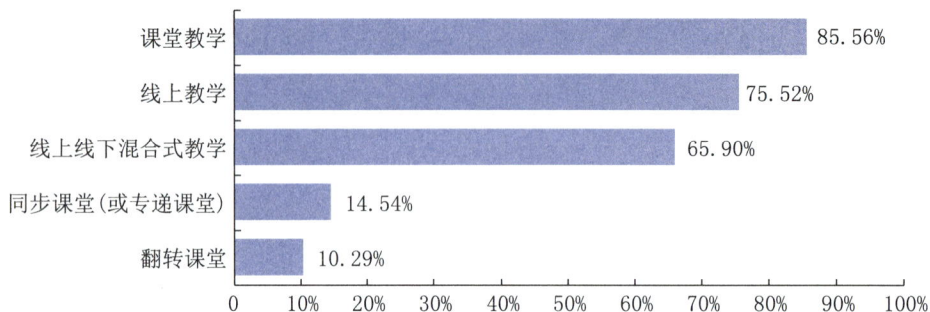

图 5-11 基于互联网的教学模式开展情况

65.90% 的教师利用互联网开展过线上线下混合式教学，但基于互联网开展同步课堂和翻转课堂的教师仍是少数（占比分别为 14.54% 和 10.29%）。可见，无论在线上还是线下，大部分教师都掌握了使用互联网开展教学的方式，只是在同步课堂和翻转课堂中的应用相对还比较少。

对教师在互联网支持下开展过的教学活动情况调查表明（见图 5-12），89.89% 的教师会使用互联网发布学习任务，87.69% 的教师会使用互联网分享学习资源，仅有 38.66% 的教师利用互联网组织学生开展探究活动，8.09% 的教师会连线外部专家为学生进行讲解。这表明教师大多借助互联网开展一些常规性的教学活动，互联网也能够帮助教师在发布任务、组织讨论、在线辅导、学习反馈等方面提供支持，而在组织学生进行探究、学习成果汇报交流方面教师还较少使用互联网。

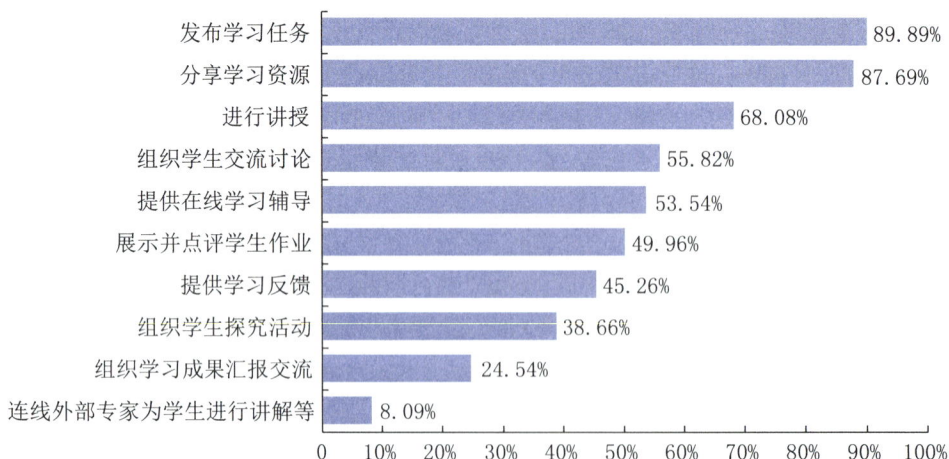

图 5-12 基于互联网的教学活动开展情况

5.3.4 教师互联网教学应用效果

互联网教学应用效果是指教师对于互联网教学开展的满意程度。对教师应用效果情况调查表明（见图 5-13），教师教学应用效果整体处于较高水平，75.76% 的教师满意互联网教学的效果，只有少数教师（占比 9.42%）认为互联网教学效果不太符合预期。

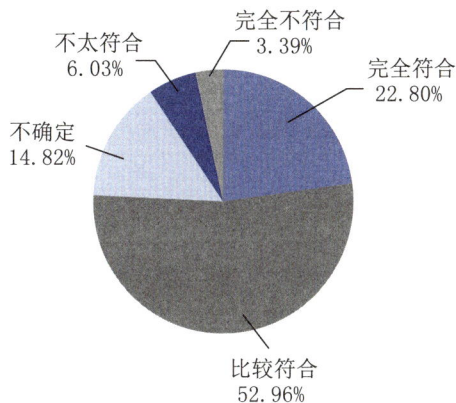

图 5-13　教师互联网教学应用效果满意情况

基于互联网教学的开展，对促进学生学习情况调查表明（如图 5-14），85.18% 的教师表明互联网教学促进了学生的知识与经验积累，70.55% 的教师表明其提升了学生自主学习能力，但仅有 29.55% 的教师表明互联网教学在促进学生的学习动机方面有明显效果。这表明了互联网教学能够有效地提升学生多个层次的能力，如自主学习能力、问题解决能力、合作学习能力等，同时能够提升学生的学业表现和学习兴趣，但在创新型思维和学习动机方面的提升还不是很明显。

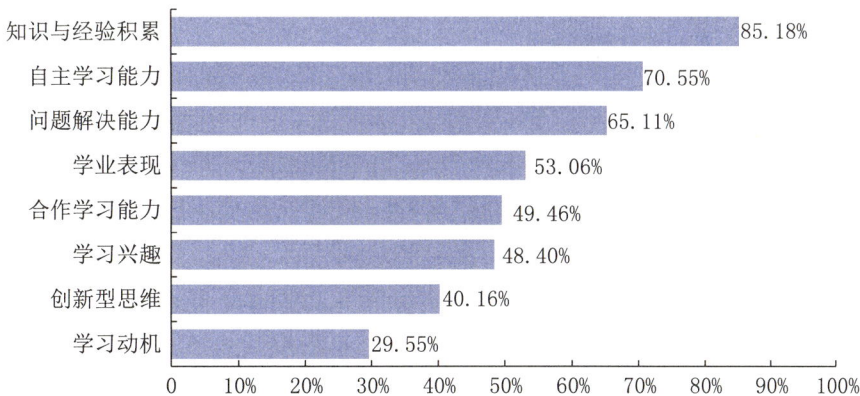

图 5-14　教师互联网教学应用效果

5.4　教师互联网专业发展支持

互联网专业发展支持指教师为提升互联网教学能力在专业发展方面所需要的支持，重点关注教师在互联网教学中的活动参与、活动效果与共同体建设（见表 5-4）。其中，教师活动效果最好（特征指数 3.90），表明教师认为互联网对教研活动的开展有显著效果；活动参与方面相对其他维度来说偏低（特征指数 3.80），后续应探索多种运行机制促进教师活动参与情况。

表 5-4　互联网在教师专业发展支持的情况

维　度	特征指数
活动参与（S1）	3.80
活动效果（S2）	3.90
共同体建设（S3）	3.84
专业发展支持（S）	3.85

5.4.1　教师互联网教学活动参与

互联网教学活动参与指教师参与互联网教学专业发展活动的情况。调查表明（见图 5-15），教师活动参与整体处于"较好"水平，73.90% 的教师表明自己有机会参与国家级、省级、市级举办的互联网教学能力提升活动，如讲座、培训、研讨、研究等。

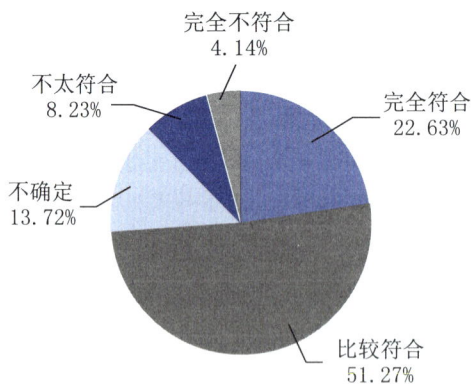

图 5-15　教师参与互联网教学专业发展活动情况

对教师参加互联网教学能力提升培训情况调查表明（见图 5-16），26.58% 的教师每年参加了 3 次及以上的互联网教学能力提升培训，28.16% 的教师参加了 2 次培训，35.89% 的教师参与了 1 次培训，仅有 9.37% 的教师表示并未参与过互联网教学能力提升培训（如混合式教学、在线教学、微课制作等）。可见，绝大多数教师每年都会参与相应的互联网教学能力提升培训，有超过四分之一的教师多次参与培训，只有极少数教师（低于 10%）并未参与过培训。

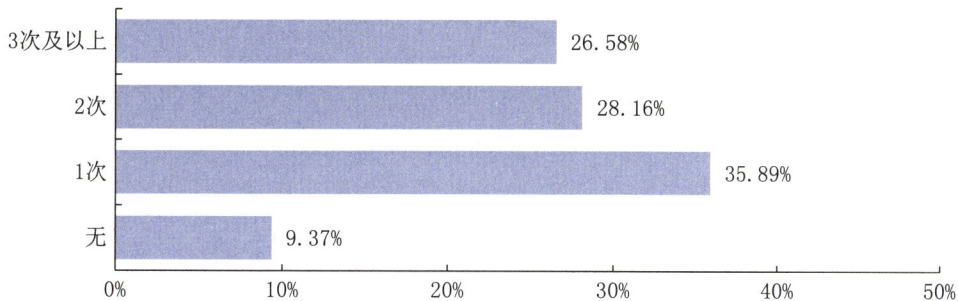

图 5-16　教师参与互联网教学能力提升培训情况

5.4.2　教师互联网教学活动效果

互联网教学活动效果指互联网教学专业发展活动促进教师经验积累与实践反思的程度。调查表明（见图 5-17），教师活动效果整体处于"较好"水平，78.29% 的教师表明参加的互联网教学能力提升活动，能够为自己开展互联网教学实践提供参考，并引发自主探究与实践反思。

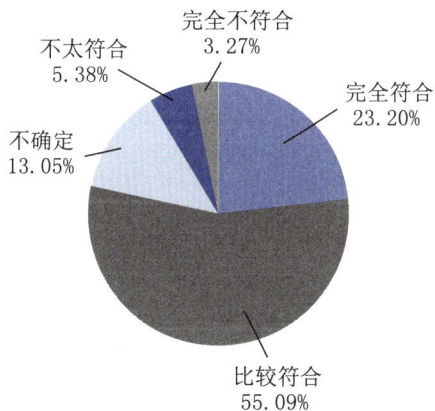

图 5-17　教师参与互联网教学活动效果情况　　图 5-18　专业发展共同体支持教师互联网教学情况

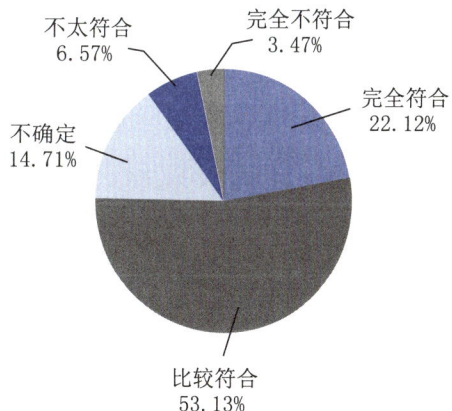

5.4.3　教师互联网教学共同体建设

互联网教学共同体建设指教师通过互联网教学所获得的来自专业发展共同体的支持。对教师共同体建设情况的调查显示（见图 5-18），75.25% 的教师表明自己的互联网教学探索经常能够得到本地教研小组、在线学习社群等专业共同体的支持。

5.5　教师互联网教学情况总结

与传统教学方法相比，互联网教学不再局限于固定的时间、固定的地点，取而代之的是支持网络连接的所有范围。与此同时，互联网教学需要教师具备一定的信息技术应用与整合能力，灵活利用互联网资源及工具开展多样化的学习活动，促进学生多层次、高质量的能力发展。整体来看，南京市教师互联网教学能力整体处于较高水平，多数教师能较为熟练地利用互联网开展线上教学活动，并且在一定程度上能够采用混合教学模式，积极参与互联网教学活动以及教师互联网教学共同体建设，创新已有的教学样态。

在教学能力发展方面，一方面，教师能够熟练掌握互联网教学所需要的一系列技术操作（特征指数 4.05），在此基础上对互联网教学资源进行引用与制作，使用合理方式将其引入到课程教学当中（特征指数 4.07）；另一方面，教师能够利用互联网改进教学方法，有效支持学生开展自主学习（特征指数 4.02），同时还能利用互联网实现个性化与差异化教学，促进学习者主动参与和深层学习（特征指数 4.02），并在教学结束后使用互联网来支持学习评价策略（特征指数 4.03）。

在教学应用方面，一方面，教师对于使用互联网开展教学的意愿较为强烈（特征指数 3.96），同时也能够很好地实现互联网教学常态化应用（特征指数 3.92）；另一方面，教师在常态化应用当中也能够运用多种互联网教学方式，精心设计与开展多种类型互联网教学活动（特征指数 3.80），保证互联网教学开展的质量，同时教师对于使用互联网开展教学的效果也十分满意（特征指数 3.86），表明开展互联网教学获得了大部分教师的认可。

在专业发展支持方面，大多数教师表明自己有充分的机会与时间持续参与互联网教学专业发展活动（特征指数 3.80），且在相关活动中不断积累经验、反思实践（特征指数 3.90）。此外，在互联网教学中，教师也表明获得了更多来自本地教研小组、在线学习社群等专业发展共同体的支持（特征指数 3.84），互联网为教师之间进行沟通与交流提供了很好的保障，帮助教师持续提升教学自信，在一定程度上有利于高质量教学的开展。

第六章

CHAPTER 6

南京市基础教育领域互联网时代的教育管理

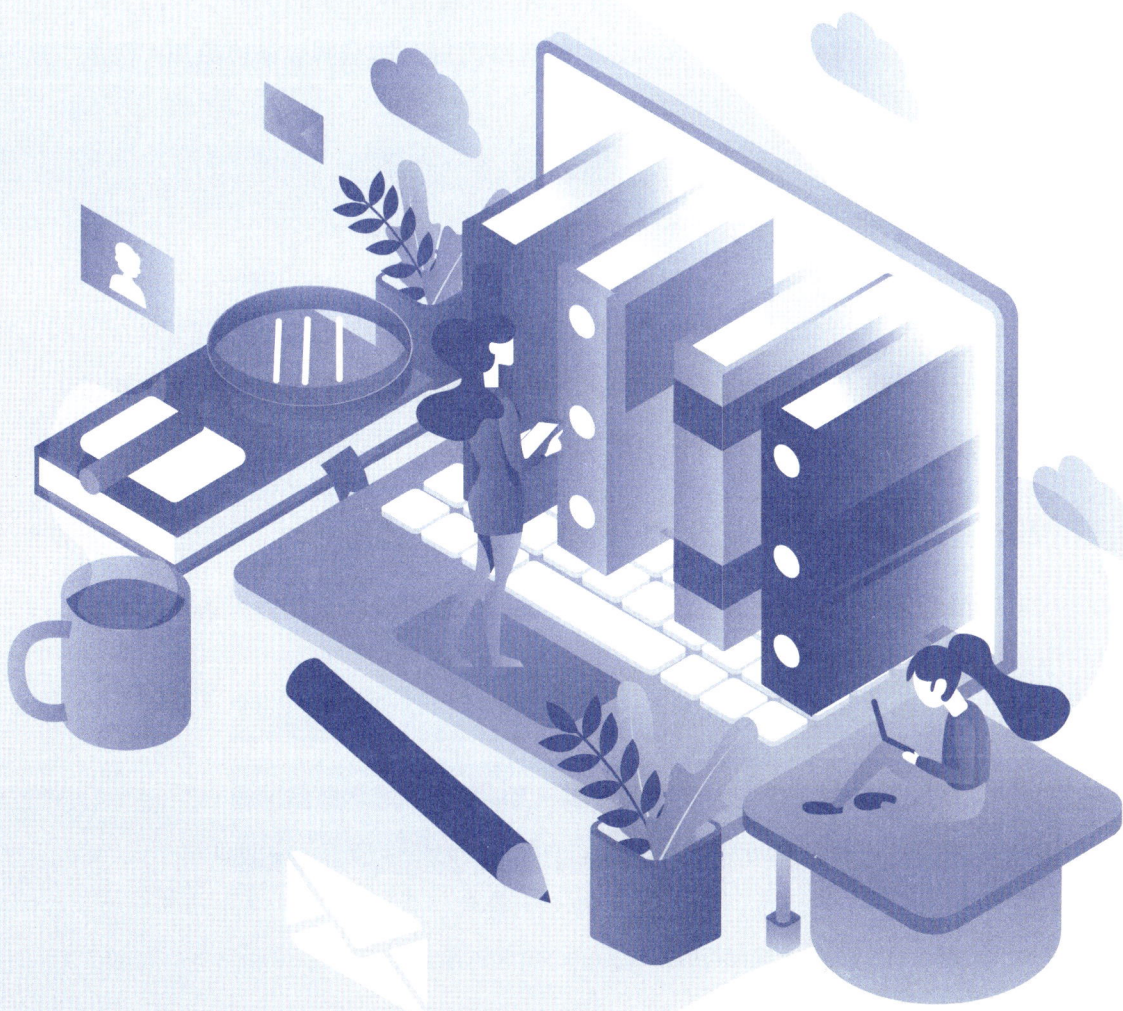

互联网学习势不可挡，学校管理者需要发挥自身的领导力有效推进学校互联网学习与教学实践。管理者能否发挥自身的引领、示范作用，整体规划部署互联网教学方案，提供师资培训，推行激励措施等都将直接影响互联网时代学校教与学的质量和效果。

6.1　学校互联网教育管理整体情况

针对管理者的互联网教育管理整体情况的调查，分为学校互联网教育管理应用现状和学校互联网教与学的激励措施两个部分，目的在于发现目前管理的特点，以便在后续工作中采取改进措施，提高学校互联网教育管理的效率和质量。根据调查可以得出，在互联网教育管理应用现状中学校管理者互联网管理的态度与意愿方面的平均得分为 4.53（见图 6-1），处于"很好"水平，但其余两个维度，学校互联网管理应用现状和学校互联网教学应用现状的平均得分分别为 4.46（见图 6-2）和 4.43（见图 6-4），处于"较好"水平。此外，学校互联网教与学的激励措施的平均得分为 4.46（见图 6-5）。这说明管理者在互联网教育管理方面的积极性很高，虽然在应用现状上综合得分已经达到了"较好"水平，但仍有继续提升的空间，还应更加关注激励与保障制度的制定与实施。

6.2　学校互联网教育管理应用现状

互联网教育管理的应用反映了学校管理者利用互联网平台开展管理的情况。对学校互联网教育管理应用现状的调查涉及态度与意愿、管理应用现状和教学应用现状三个部分。

6.2.1　学校管理者互联网管理的态度与意愿

2022 年以来，互联网对于学校开展教学的优势有目共睹，学校管理者也积极探索互联网在

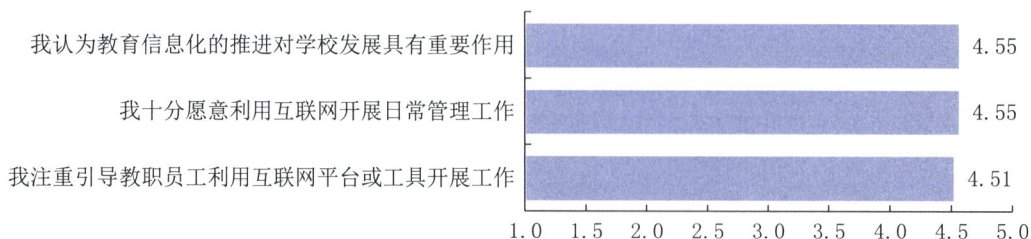

我认为教育信息化的推进对学校发展具有重要作用	4.55
我十分愿意利用互联网开展日常管理工作	4.55
我注重引导教职员工利用互联网平台或工具开展工作	4.51

图 6-1　学校管理者互联网管理的态度与意愿情况

学校管理中的优势。调查发现，学校管理者互联网管理的态度与意愿处于"很好"水平（见图6-1），不仅认可教育信息化的推进可以对学校发展起到重要作用（特征指数4.55），并且愿意利用互联网开展日常管理工作（特征指数4.55），但在引导教职员工利用互联网平台或工具开展工作方面有待加强（特征指数4.51）。

6.2.2　学校互联网管理应用现状

对学校互联网管理应用现状开展调查有利于了解当前学校管理者的互联网应用管理水平，发现优点与薄弱点，为后续推动学校互联网管理应用打下基础。调查表明（见图6-2），管理者可以利用互联网学习教育信息化管理方面的知识（特征指数4.47），也能够通过互联网汇集学校的各项数据（如学生成绩等），支持学校的管理和决策（特征指数4.45）。

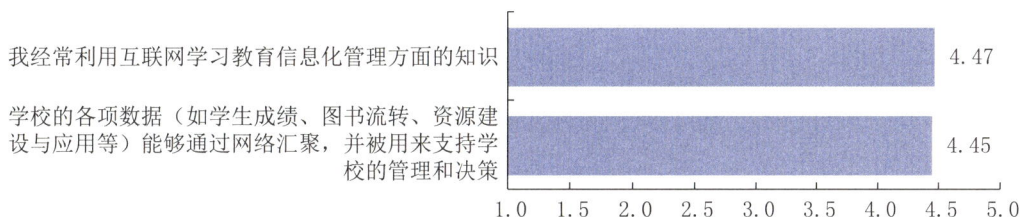

图 6-2　学校管理者互联网管理应用情况

调查发现（见图6-3），85.76%的管理者都会经常使用教师管理工具（如企业微信、钉钉等）；其次使用最多的管理工具是学校办公工具（如OA系统、教务系统等），占比达到了81.57%；学生管理工具（如电子档案、电子班牌等）、后勤服务工具（如资产管理采购平台等）、教学资源管理工具（如公共资源服务平台等）占比都超过了半数（分别占比63.48%、

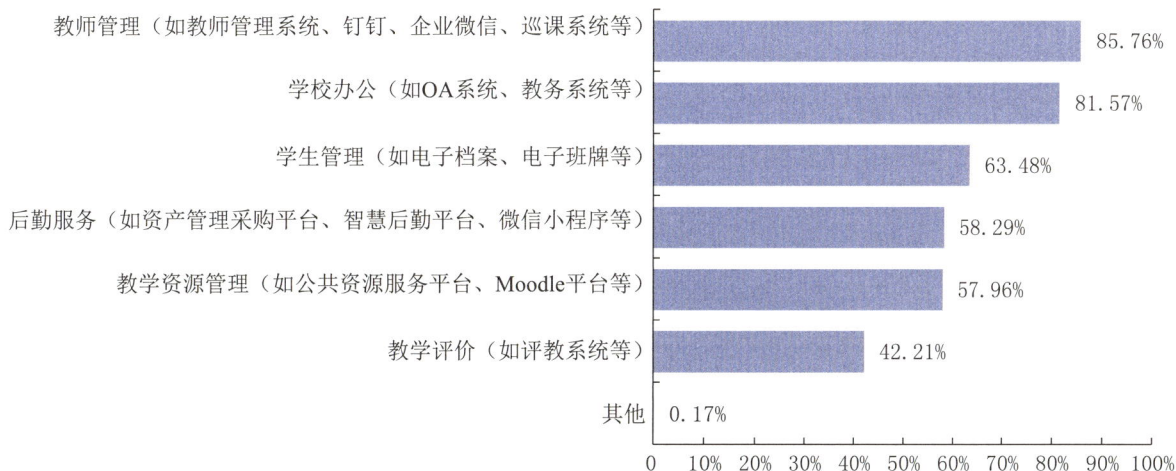

图 6-3　学校管理者常用的互联网管理工具情况

58.29%、57.96%）；教学评价系统工具的占比只有 42.21%。后续南京市将注重教学评价系统的开发以及对管理者开展教学评价系统应用的培训。

6.2.3 学校互联网教学应用现状

关于学校互联网教学应用现状的调查可以了解学校互联网教学的推行情况，利于后续针对不足进行有效改善。调查发现，互联网教学应用现状整体表现处于"较好"水平（见图 6-4），其中教师能够便利地利用互联网资源进行备课与便利地利用互联网资源和工具开展教学的得分并列最高（特征指数 4.49），说明在学校管理者的带领下，教师基本已经可以利用互联网辅助教学。但教师在探索基于智能学习终端的互动课堂教学方面得分较低（特征指数 4.29），其次较低的是教师开展网络教研活动的频率（特征指数 4.37），这表明后续学校管理者需要加强对本校教师在利用终端学习设备进行教学方面的培训，同时也要发挥引领作用，带领本校教师多多开展网络教研活动。

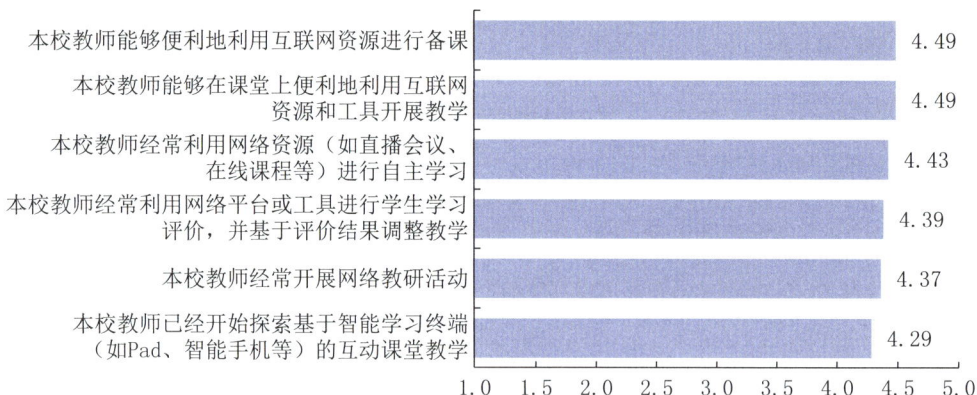

本校教师能够便利地利用互联网资源进行备课 —— 4.49
本校教师能够在课堂上便利地利用互联网资源和工具开展教学 —— 4.49
本校教师经常利用网络资源（如直播会议、在线课程等）进行自主学习 —— 4.43
本校教师经常利用网络平台或工具进行学生学习评价，并基于评价结果调整教学 —— 4.39
本校教师经常开展网络教研活动 —— 4.37
本校教师已经开始探索基于智能学习终端（如Pad、智能手机等）的互动课堂教学 —— 4.29

1.0　1.5　2.0　2.5　3.0　3.5　4.0　4.5　5.0

图 6-4　学校互联网教学应用情况

6.3　学校互联网教与学的激励措施

学校互联网教与学的激励措施反映了管理者对于推动学校互联网学习发展的关注与重视，主要涉及激励与保障、困难与挑战以及期待与支持三部分。

6.3.1 学校互联网教与学的激励与保障

学校管理者对于互联网教与学的激励与保障将会对学校互联网教与学的落实起关键作用。

对学校互联网教与学激励与保障情况的调查发现（见图 6-5），奖励在互联网教学相关的竞赛或评比中获奖教师这一方面表现很好（特征指数 4.5），其次在支持教师外出参加互联网教学的培训或观摩活动方面也有较好表现（特征指数 4.47），但在定期举办与互联网教学能力有关的培训、教育活动或教学竞赛方面有所欠缺（特征指数 4.42）。除了学校规定的培训外，管理者后续可以通过多样化的方式鼓励本校教师参与培训，提高学校教师互联网教与学的能力。

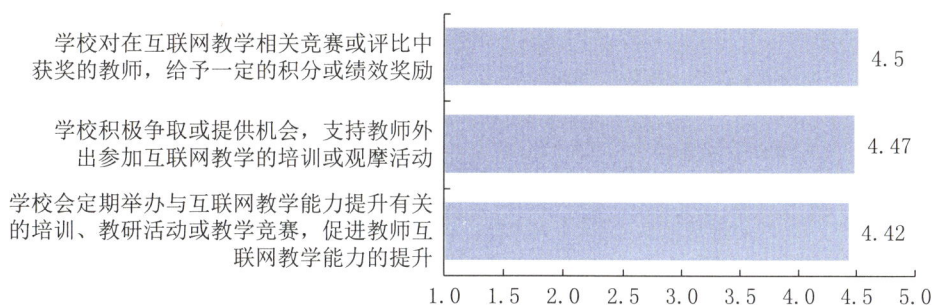

图 6-5　学校互联网教与学的激励与保障情况

关于激励与保障学校互联网教与学的具体措施（见图 6-6），为学生提供互联网学习方法专题指导和形成完善的信息安全组织管理制度方面都超过了半数（分别占比 75.71% 和 53.94%），在形成教师互联网教学教研相关制度、形成互联网学习评价指标、形成互联网学习资源建设相关制度和互联网教学激励体制方面的表现相差不大（分别占比 48.41%、46.90%、45.23% 和 44.56%），但在经费保障和鼓励开展互联网教学方面表现较差（分别占比 38.53% 和 28.98%）。后续，学校管理者需要积极探索互联网教学经费保障制度并鼓励教师开展互联网教学。

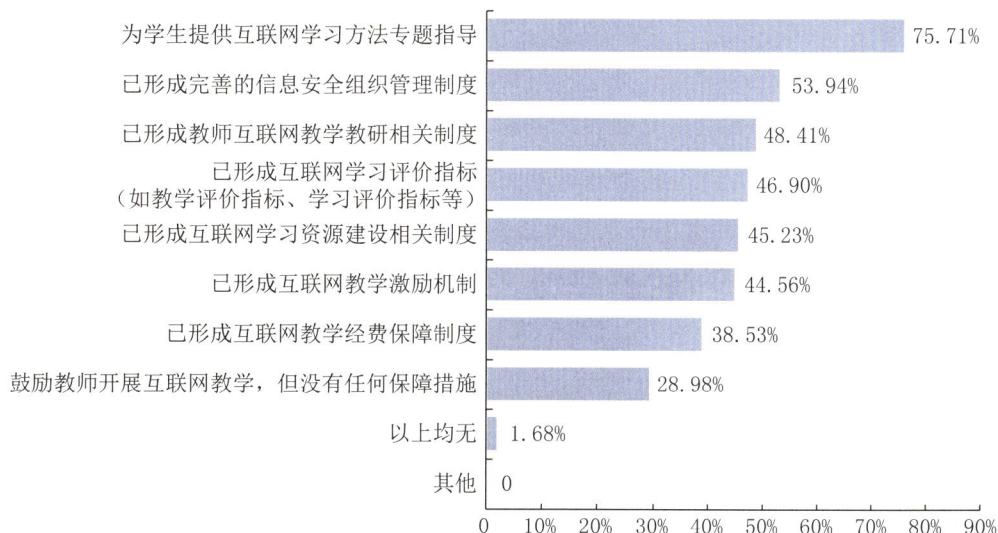

图 6-6　激励与保障学校互联网教与学的具体措施

6.3.2 学校互联网教与学的困难与挑战

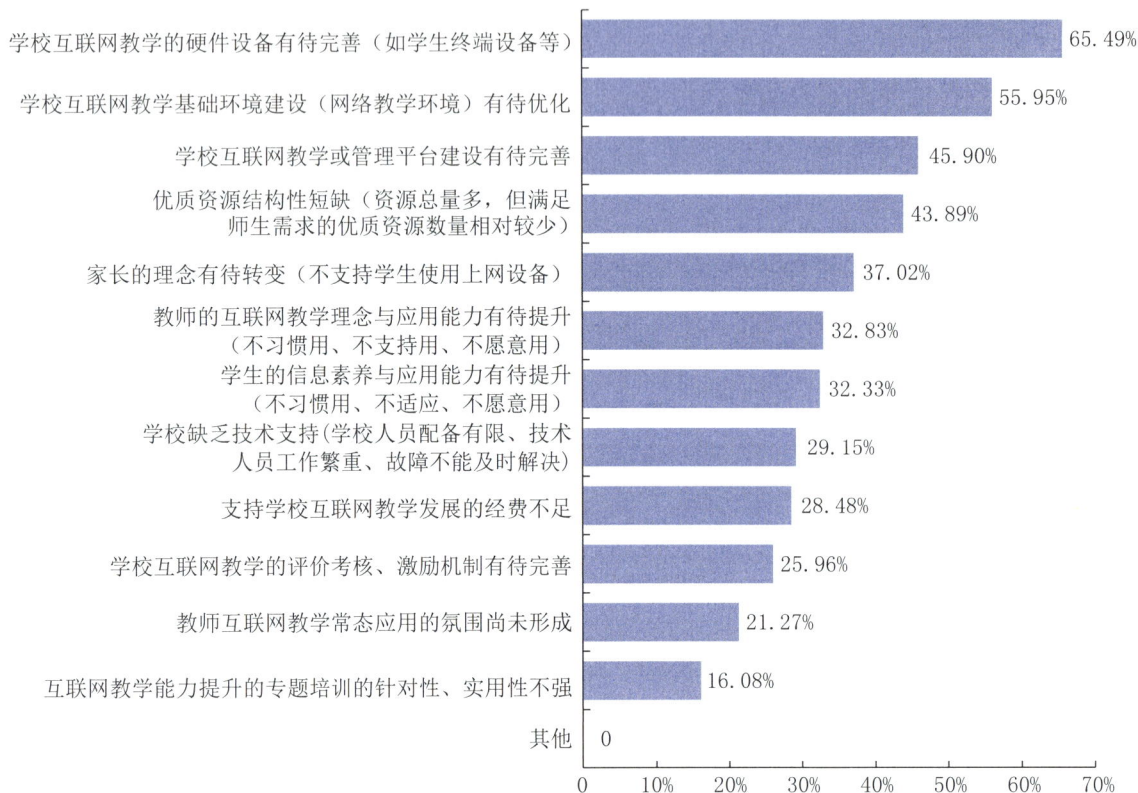

学校互联网教学的硬件设备有待完善（如学生终端设备等） 65.49%

学校互联网教学基础环境建设（网络教学环境）有待优化 55.95%

学校互联网教学或管理平台建设有待完善 45.90%

优质资源结构性短缺（资源总量多，但满足师生需求的优质资源数量相对较少） 43.89%

家长的理念有待转变（不支持学生使用上网设备） 37.02%

教师的互联网教学理念与应用能力有待提升（不习惯用、不支持用、不愿意用） 32.83%

学生的信息素养与应用能力有待提升（不习惯用、不适应、不愿意用） 32.33%

学校缺乏技术支持(学校人员配备有限、技术人员工作繁重、故障不能及时解决) 29.15%

支持学校互联网教学发展的经费不足 28.48%

学校互联网教学的评价考核、激励机制有待完善 25.96%

教师互联网教学常态应用的氛围尚未形成 21.27%

互联网教学能力提升的专题培训的针对性、实用性不强 16.08%

其他 0

图 6-7 学校互联网教与学的困难与挑战

对学校互联网教与学的困难与挑战方面进行调查，有助于发现普遍困难，以便后续采取相应措施提升学校互联网教与学的效果和质量。调查发现（见图 6-7），有 65.49% 的学校管理者都认为学校互联网教学的硬件设备有待完善；有半数以上的学校管理者认为学校互联网教学基础环境建设有待优化（占比 55.95%）；只有 16.08% 的学校管理者认为互联网教学能力提升的专题培训的针对性或实用性不强。调查表明之前开展的专题培训受到了大部分学校管理者的好评，后续需要在硬件设备和基础环境建设等方面加大发展力度。

6.3.3 学校互联网教与学的期待与支持

关于管理者对于互联网教与学的期待与支持方面的调查是后续加大发展力度的着力点。调查发现（见图 6-8），非常多的学校管理者希望得到更加优质的在线教学资源，占比达到了 85.26%；同时有 76.55% 的管理者希望有更加优质的在线教学与管理平台，60.64% 的管理者希望搭建与兄弟学校合作交流的平台，实现优质教师资源的共享。调查表明，管理者对于在线资源、在线平台、在线交流等的需求与期待较大。

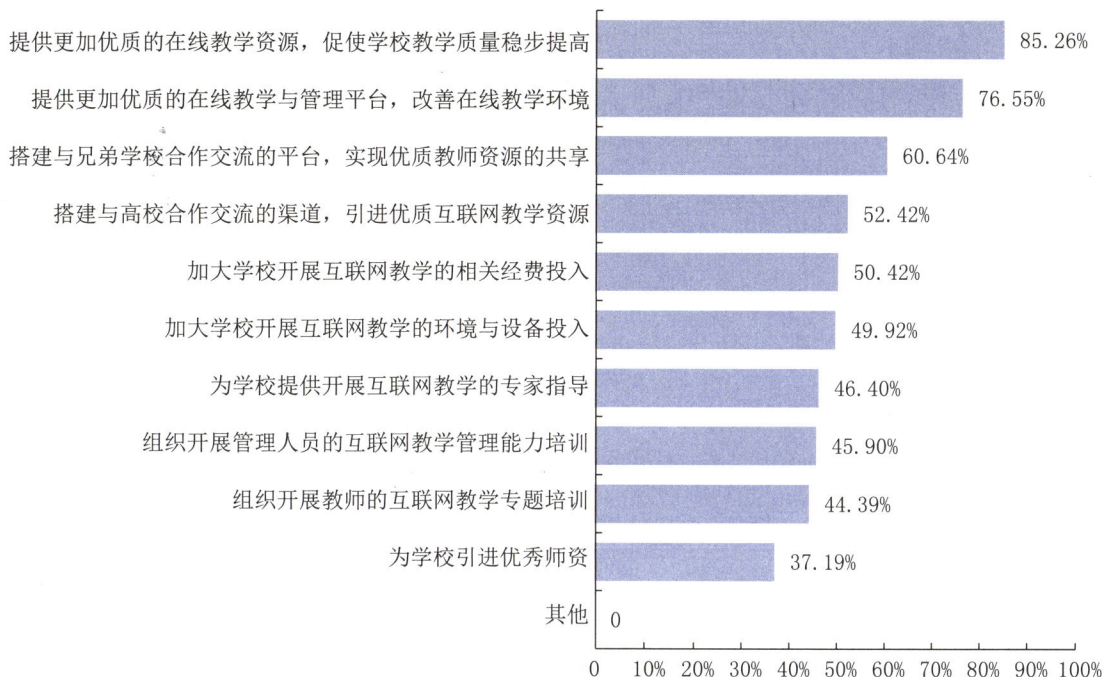

提供更加优质的在线教学资源，促使学校教学质量稳步提高　85.26%
提供更加优质的在线教学与管理平台，改善在线教学环境　76.55%
搭建与兄弟学校合作交流的平台，实现优质教师资源的共享　60.64%
搭建与高校合作交流的渠道，引进优质互联网教学资源　52.42%
加大学校开展互联网教学的相关经费投入　50.42%
加大学校开展互联网教学的环境与设备投入　49.92%
为学校提供开展互联网教学的专家指导　46.40%
组织开展管理人员的互联网教学管理能力培训　45.90%
组织开展教师的互联网教学专题培训　44.39%
为学校引进优秀师资　37.19%
其他　0

0 10% 20% 30% 40% 50% 60% 70% 80% 90% 100%

图 6-8　学校互联网教与学的期待与支持

6.4　学校互联网教育管理情况总结

学校推动互联网学习的发展，需要学校管理者具备信息化技术的管理能力，高效利用互联网工具、资源等开展教育管理工作，提升学校整体实力。整体来看，南京市学校管理者互联网教育管理能力处于较高水平，管理者大多都能利用多种互联网工具开展信息化教育管理活动，并在一定程度上形成了学校的特色。

在学校互联网管理应用现状方面，学校管理者在应用互联网进行管理方面的积极性很高，能够及时学习多种互联网管理工具，开展教育管理以及支持学校互联网学习的发展。整体来看，学校管理者目前都十分认同教育信息化的发展可以推动学校的发展（特征指数 4.55）。此外，学校管理者也不断尝试在管理以及教学方面应用互联网技术。从管理角度来看，管理者能够经常学习教育信息化管理方面的知识（特征指数 4.47），也善于利用数据来改善学校的管理（特征指数 4.45），并且有 85.76% 的管理者会利用互联网工具与资源对教师开展管理。从教学角度来看，管理者认为学校教师在利用互联网资源进行备课上表现最好（特征指数 4.49），同时还需要在利用终端设备促进教学方面（特征指数 4.29）继续改进。

在学校互联网教与学的激励措施方面，学校管理者能及时给予学校教师和学生在互联网教与学方面的激励与保障。管理者能够奖励在互联网教学相关竞赛或评比中获奖的教师，并支持教师外出参加互联网教学的培训或观摩活动，还能定期举办与互联网教学能力有关的培训、教育活动或教学竞赛。学校管理者也表达了互联网教与学的困难与挑战，主要集中在学校互联网教学的硬件设备有待完善和学校互联网教学基础环境建设有待优化。此外，通过调查了解到，85.26% 的学校管理者都希望得到更加优质的在线教学资源，同时有超过半数（占比 50.42%）的学校管理者希望得到相关经费的支持。

第七章

CHAPTER 7

南京市基础教育领域国家智慧教育平台应用

近年来，国家中小学智慧教育平台不仅在提高教育教学水准上有显著成就，还通过强化学生的自我学习能力，促进教育资源共享，并通过对教师进行专题培训来深化教学模式改革。了解智慧教育平台在基础教育领域的应用情况，有助于进一步完善平台的建设。

7.1   南京市国家中小学智慧教育平台应用整体情况

南京市国家中小学智慧教育平台应用整体情况的调查对象涵盖管理者、教师和学生，调查内容涉及平台的应用频率、平台的活动支持和平台的应用建议三个维度。首先，管理者、教师和学生对平台的应用频率较高（见图 7-1，分别占比 89.45%、90.27%、70.82%），已基本实现常态化应用；其次，平台可以为管理者、教师和学生提供相应的管理、教学和学习活动支持，进而提高管理效率、精准教学决策、丰富学习活动等；再次，针对平台的后续建设，调查对象提出不同看法，管理者聚焦于平台数据的分析功能，教师希望丰富平台资源形式并增加平台智能推送功能，学生则建议增加课程视频配套的习题资源。

7.2   南京市国家中小学智慧教育平台的应用频率

对国家中小学智慧教育平台应用频率的调查从"是否使用过国家中小学智慧教育平台"和"是否安装国家中小学智慧教育平台手机端 APP（智慧中小学）"两方面切入。整体来看，调查对象对国家中小学智慧教育平台和国家中小学智慧教育平台手机端 APP（智慧中小学）应用

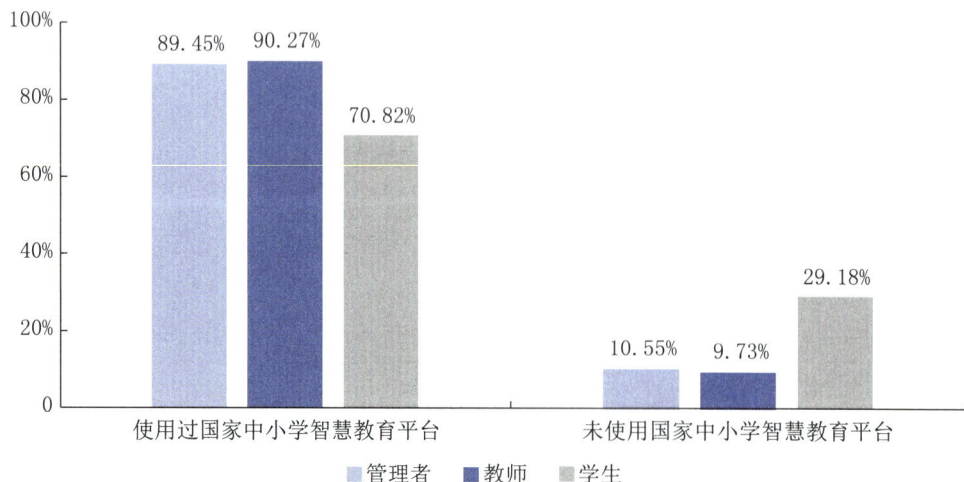

图 7-1   国家中小学智慧教育平台使用情况

频率较高，这表明平台在基础教育中得到了较好的推广。

89.45% 的管理者使用过国家中小学智慧教育平台，86.14% 的管理者安装了国家中小学智慧教育平台手机端 APP（智慧中小学）；90.27% 的教师使用过国家中小学智慧教育平台，84.45% 的教师安装了国家中小学智慧教育平台手机端 APP（智慧中小学）；70.82% 的学生使用过国家中小学智慧教育平台，88.47% 的学生安装了国家中小学智慧教育平台手机端 APP（智慧中小学）（见图 7-1、图 7-2）。

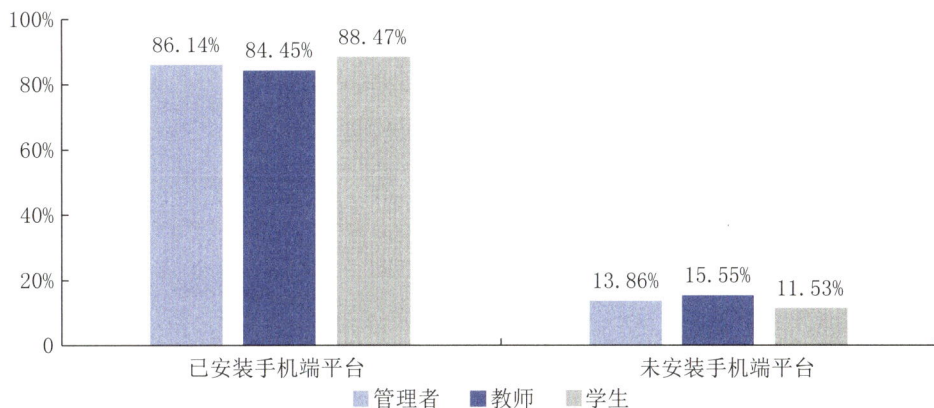

图 7-2　国家中小学智慧教育平台手机端 APP（智慧中小学）安装情况

7.3　南京市国家中小学智慧教育平台的活动支持

不同的教育利益者对平台的不同应用方式会产生不同的应用效果，进而从不同的角度支持教育教学，如提升管理者决策的科学性、为教师提供丰富的教学资源、促进学生学习的积极性与自主性等。因此，对国家中小学智慧教育平台的活动支持的调查从平台对管理者的管理活动支持、教师的教学活动支持以及学生的学习活动支持三方面展开。

7.3.1　管理活动支持

管理者利用国家中小学智慧教育平台可以开展丰富多样的活动（见图 7-3），包括进行学校信息管理（占比 64.23%）、进行教师认证管理（占比 63.88%）、查看教师在平台上参与研修的情况（占比 51.87%）、进行学校班级管理（占比 48.13%）等。其中，借鉴其他学校教改实践经验（如"双减"工作开展、教育信息化发展等）和进行课后服务发布管理占比较小（分别为 35.77% 和 33.90%），后续可以强化国家中小学智慧教育平台对学校相互借鉴经验和课后服务的支持。

進行学校信息管理　　　　　　　　　64.23%
進行教师认证管理　　　　　　　　　63.88%
查看教师在平台上参与研修的情况　　51.87%
進行学校班级管理　　　　　　　　　48.13%
借鉴其他学校教改实践经验
（如"双减"工作开展、教育信息化发展等）　35.77%
進行课后服务发布管理　　　　　　　33.90%
其他　　0

0　　20%　　40%　　60%　　80%

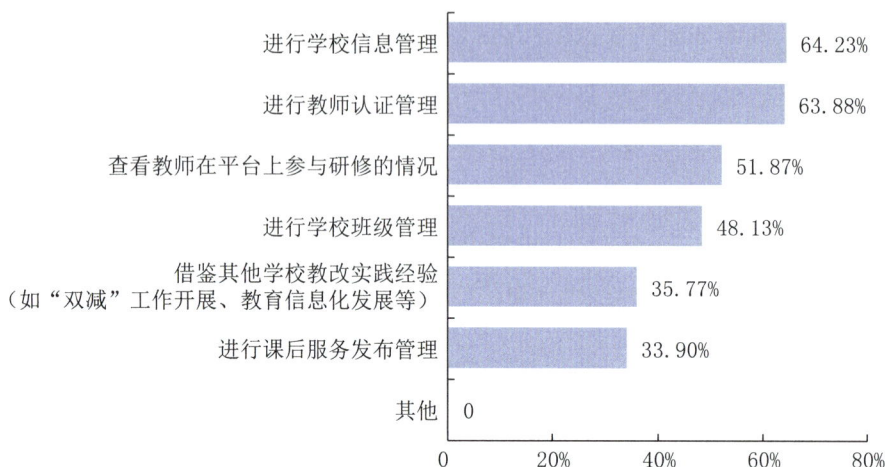

图7-3　管理者利用国家中小学智慧教育平台开展管理活动的情况

国家中小学智慧教育平台在管理者开展管理活动时提供了不同角度的帮助（见图7-4）。77.90%的管理者认为平台可以帮助其高效地开展管理工作从而提高管理效率，75.84%的管理者认为基于平台数据能够帮助其提高决策的科学性，71.16%的管理者认为可以借鉴平台教改经验模块资源推进学校教改工作。可以看出，平台为管理者实现科学、精准的管理提供了切实的帮助。

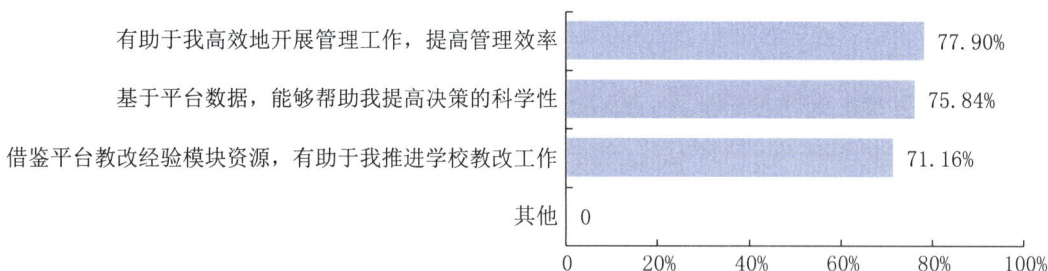

有助于我高效地开展管理工作，提高管理效率　　77.90%
基于平台数据，能够帮助我提高决策的科学性　　75.84%
借鉴平台教改经验模块资源，有助于我推进学校教改工作　71.16%
其他　　0

0　　20%　　40%　　60%　　80%　　100%

图7-4　国家中小学智慧教育平台对管理者的帮助

7.3.2　教学活动支持

教师是教育教学的主要实施者，国家中小学智慧教育平台对教师的教学活动提供了多种支持（见图7-5）。75.85%的教师可以利用平台开展日常教学工作，62.39%的教师可以利用平台进行教师研修，46.38%的教师可以利用平台开展课后服务，30.51%的教师可以利用平台实现家校协同育人。整体而言，平台为教师教学和教师研修提供了较多的帮助，后续建设中可以研发平台在课后服务和家校协同育人方面的功能，以帮助教师更好地完成教学工作。

教师在日常教学工作中可以利用国家中小学智慧教育平台开展丰富多样的教学活动（见图7-6），包括借助备课资源包（课件、课标解读、电子教材等）进行备课（占比85.06%），参

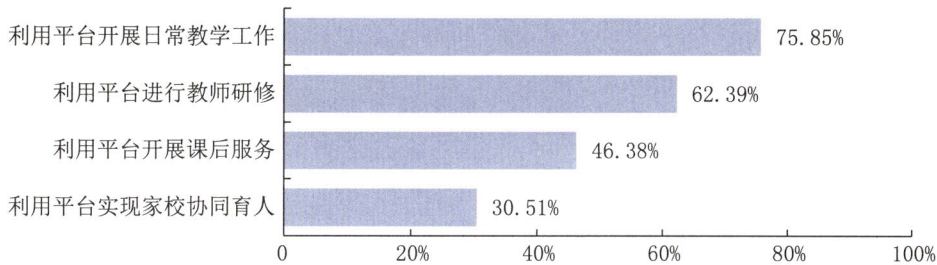

图 7-5　教师利用国家中小学智慧教育平台开展教学活动的情况

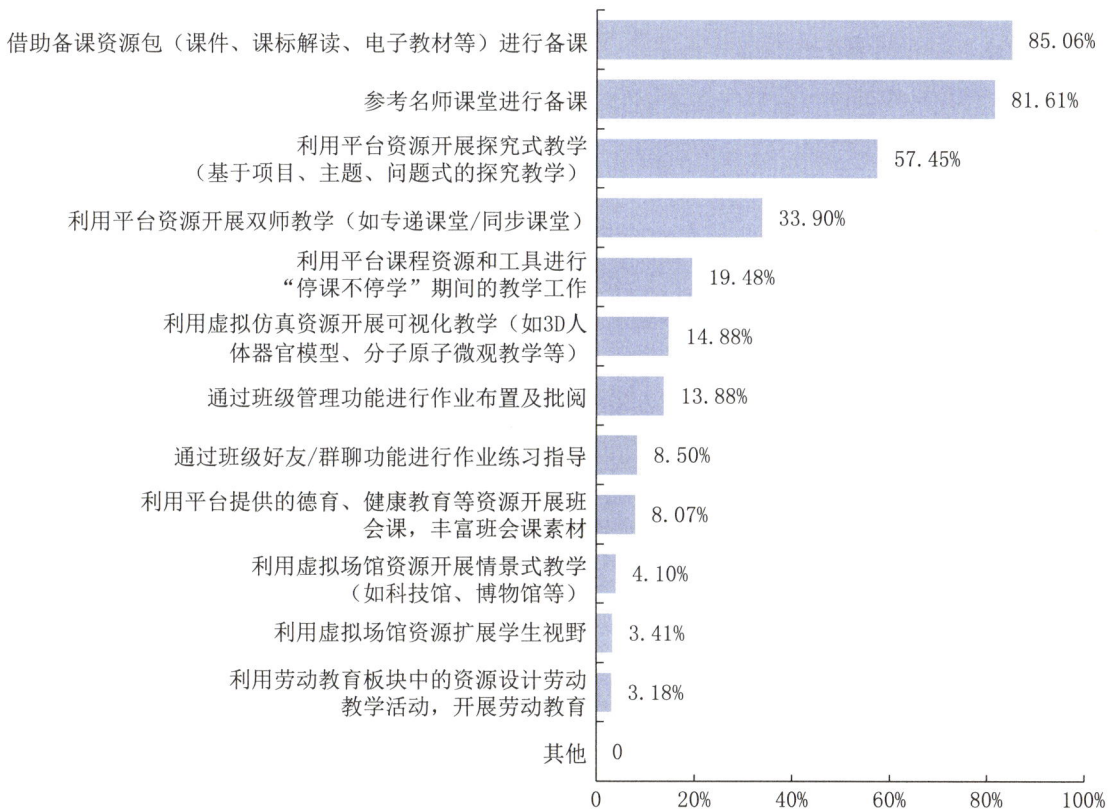

图 7-6　教师利用平台开展日常教学工作的情况

考名师课堂进行备课（占比 81.61%），利用平台资源开展探究式教学（基于项目、主题、问题式的探究教学）（占比 57.45%）等，但利用虚拟场馆资源开展情景式教学（如科技馆、博物馆等）（占比 4.10%），利用虚拟场馆资源扩展学生视野（占比 3.41%）和利用劳动教育板块中的资源设计劳动教学活动、开展劳动教育（占比 3.18%）的情况较少。可以看出，国家中小学智慧教育平台在虚拟场馆资源和劳动教育资源对教学活动的支持方面有待加强。

国家中小学智慧教育平台支持教师开展各种课后服务（见图 7-7）。81.56% 的教师利用师生群聊功能进行学习答疑辅导，62.05% 的教师利用平台课后服务板块中的资源开展文化艺术类课后服务（如书法、绘画等），58.65% 的教师利用平台课后服务板块中的资源开展经典阅读类课后服务（如名著、儿童文学等），而利用平台课后服务板块中的资源开展科普教育类、体育锻炼类和影视教育类课后服务的教师较少（分别占比 39.24%、30.03%、24.87%）。

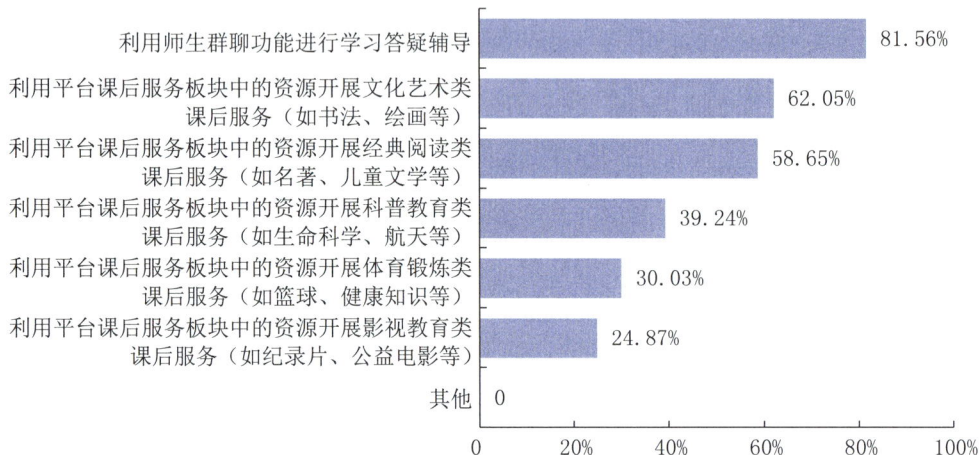

图 7-7　教师利用平台开展课后服务的情况

教师利用国家中小学智慧教育平台可以参加多种形式的教师研修（见图 7-8）。77.27% 的教师利用平台参与学校或教育局组织的基于平台资源的研修活动，59.18% 的教师利用平台参加网络名师工作室、接受专家指导和引领，58.62% 的教师利用平台组建研修共同体来分享资源并协同教研，56.37% 的教师利用平台自主选学平台研修板块内容（如作业命题、学科研修、新课标新课改等）。

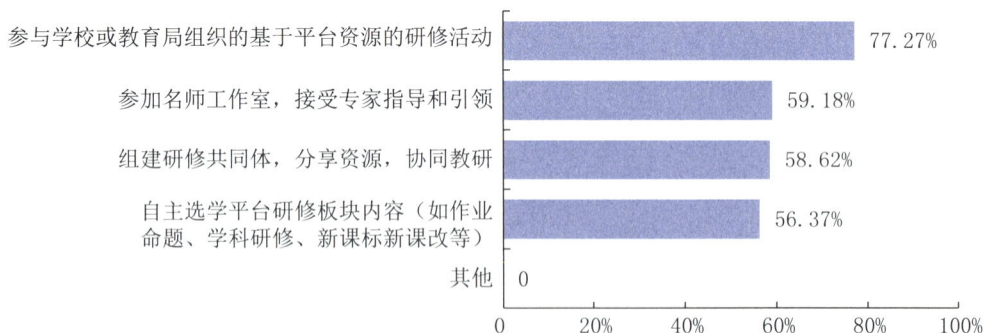

图 7-8　教师利用平台进行教师研修的情况

国家中小学智慧教育平台为教师实现家校协同育人提供了较好的支持（见图 7-9）。89.79% 的教师通过家校群功能与学生家长沟通，83.95% 的教师通过家校群功能发布家长会通知，81.50% 的教师向学生家长推送智慧教育云平台上的家庭教育资源（如家庭教育观念等）。这表明教师可以借助平台较好地与家长沟通交流，进一步促进学生健康成长，后续可以继续强化平台在家校协同育人方面的建设，充分发挥平台在教师与家长之间的连接作用。

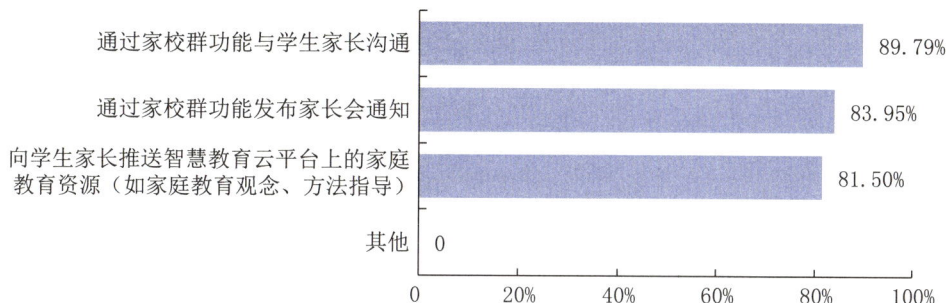

图 7-9　教师利用平台实现家校协同育人的情况

　　国家中小学智慧教育平台为教师提供了多样化帮助（见图 7-10）。82.68% 的教师认为多样化的数字化教学资源有助于丰富课堂，77.81% 的教师认为平台能开阔其课堂教学设计的思路，63.50% 的教师认为平台能丰富其日常研修活动的内容和形式。然而，仅有 21.25% 的教师认为平台有助于其指导学生开展基于平台资源的自主学习。在平台的后续建设中可以基于学生需求增设学习评价功能、完善学习资源，以促进学生学习，同时也应结合教师和家长需求，优化平台在教师、家长、学生三方沟通的功能。

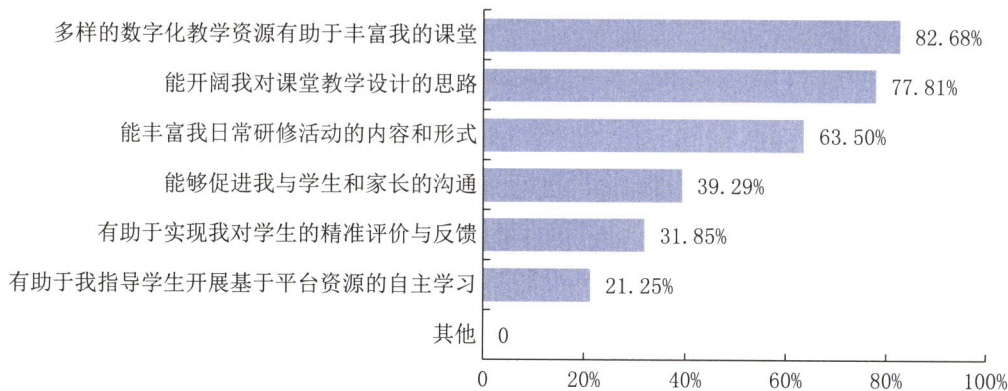

图 7-10　国家中小学智慧教育平台对教师的帮助

7.3.3　学习活动支持

　　调查显示（见图 7-11），91.04% 的学生可以利用平台进行课程学习，55.59% 的学生可以利用平台开展自主学习，35.05% 的学生可以利用平台开展课后活动。可以看出，学生主要利用平台开展课程学习，在后续建设中应依据学生的学习需求、学习习惯、教学要求等优化平台，以支持学生自主学习、开展课后活动。

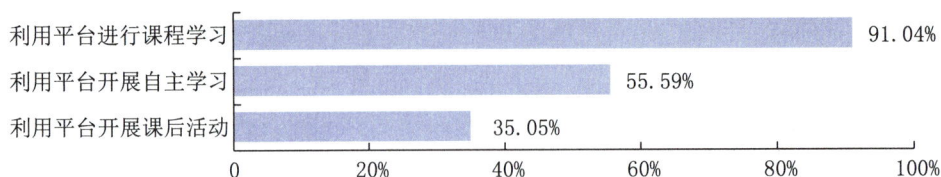

图 7-11　学生利用国家中小学智慧教育平台参加活动的情况

　　学生能够利用国家中小学智慧教育平台的各功能进行课程学习（见图 7-12）。94.46% 的学生能根据教师分享或指定的平台上的资源进行课程学习，67.94% 的学生能通过师生群聊功能接收作业或活动通知、提交作业或活动成果，52.87% 的学生能通过班级群聊功能进行作业或活动成果的汇报分享。但是，利用平台答疑功能向教师请教学习中遇到的问题这一情况占比较少（44.12%）。在后续建设中，可以帮助学生了解平台答疑功能，依据学生需要完善平台的答疑功能，进而帮助学生解决学习中的疑难问题。

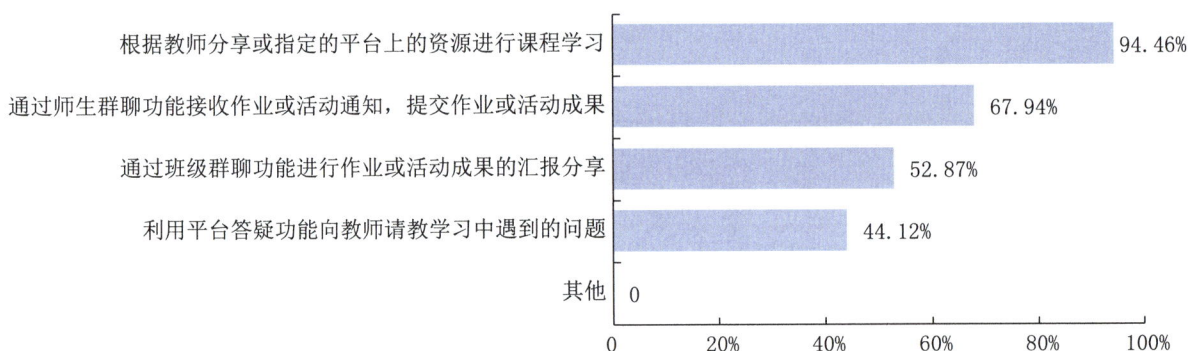

图 7-12　学生利用平台进行课程学习的情况

　　学生可以利用国家中小学智慧教育平台的各资源开展自主学习（见图 7-13）。93.34% 的学生能利用平台资源（任务单、视频课程等）进行课程的预习、复习和重难点回放学习，83.64% 的学生能利用平台课程资源对自己的学习查漏补缺，68.42% 的学生能利用平台资源实现兴趣拓展学习。但仅有 44.68% 的学生能利用平台提供的虚拟场馆（如科技馆、博物馆等）开阔视

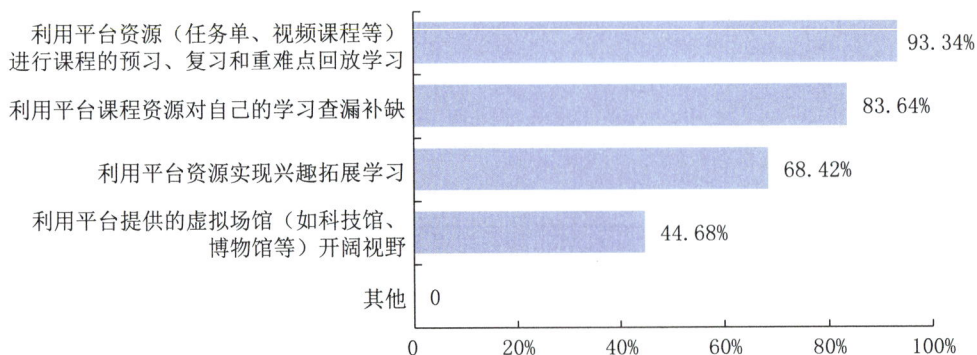

图 7-13　学生利用平台开展自主学习的情况

野，后续可以提升学生对平台虚拟场馆等资源的了解，加强学生在这个方面的自主学习。

　　调查表明，学生能积极利用国家中小学智慧教育平台开展课后活动（见图7-14）。87.34%的学生能利用课后服务板块的资源进行经典阅读类活动（如阅读经典名著等），83.32%的学生能利用课后服务板块的资源进行文化艺术类学习（如书法等），80.87%的学生能利用课后服务板块的资源进行体育锻炼类学习（如运动项目了解等），72.21%的学生能利用课后服务板块的资源进行影视教育类学习（如经典纪录片等），67.06%的学生能利用课后服务板块的资源进行科学科技类学习（如虚拟科技馆参观等）。平台在课后服务功能建设方面较为完善，为学生开展课后服务提供了充分的帮助。

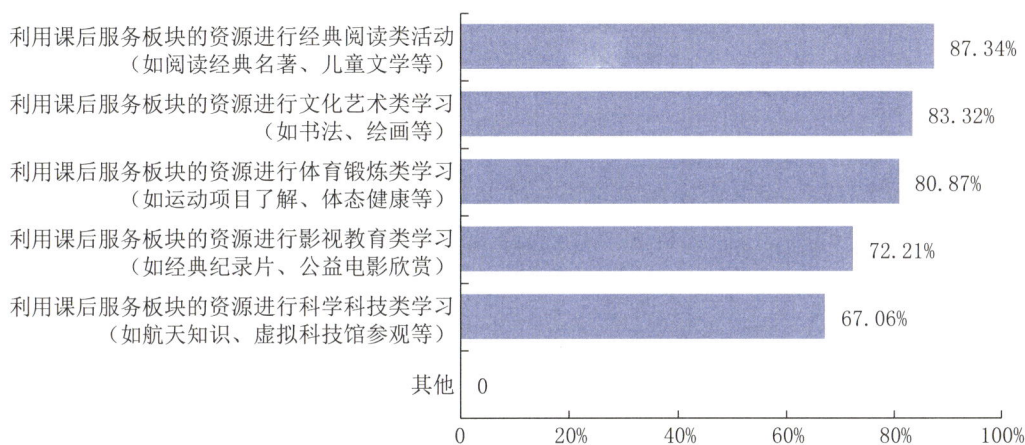

图 7-14　学生利用平台开展课后活动的情况

　　国家中小学智慧教育平台为学生提供了不同角度的帮助（见图7-15）。85.37%的学生认为多样的数字化学习资源有助于丰富自我学习，69.03%的学生认为平台有助于其开展自主学习，58.71%的学生认为平台有助于增进自己和教师、同学的交流，54.52%的学生认为平台有助于开阔其视野。可以看出，平台的数字化资源较为丰富，为学生学习提供了适切的帮助，在平台后续建设中可以结合教师和学生的需求，打造校内外一体化学习平台，进一步促进师生交流和学生自主学习等。

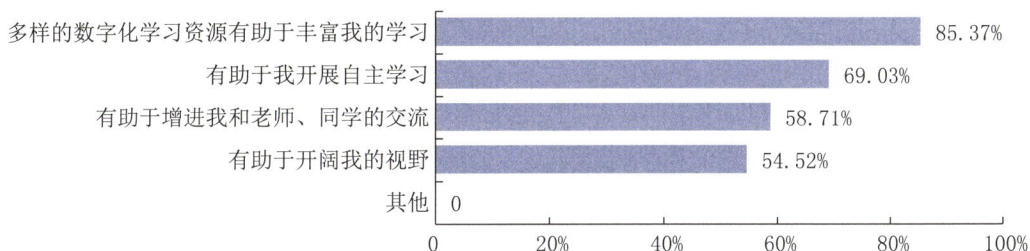

图 7-15　国家中小学智慧教育平台对学生的帮助

7.4　南京市国家中小学智慧教育平台的应用建议

了解南京市国家中小学智慧教育平台的应用现状可以针对性改进平台应用问题，进而提升平台建设质量与应用效率。为提出有效的平台应用建议，本调查从管理者、教师和学生三方了解现阶段平台的应用问题，并提出相应建议。

7.4.1　南京市国家中小学智慧教育平台应用问题

学生在使用国家中小学智慧教育平台过程中会遇到多种问题（见图 7-16）。45.96% 的学生指出平台资源呈现形式单一，45.42% 的学生发现平台支持师生交流互动的功能不强，39.01% 的学生认为教材版本、课程视频不全，29.19% 的学生认为课程视频时长较短、内容没有讲透，28.47% 的学生认为平台帮助中心智能性不强。此外，课程视频没有字幕、课程教学视频资源趣味性不强以及课程教学视频无弹幕等交互功能（分别占比 19.13%、18.99%、17.64%）也是困扰学生学习的问题。整体来看，平台资源形式单一、资源种类短缺、资源内容枯燥、交互功能较差是学生在使用国家中小学智慧教育平台过程中遇到的主要问题。

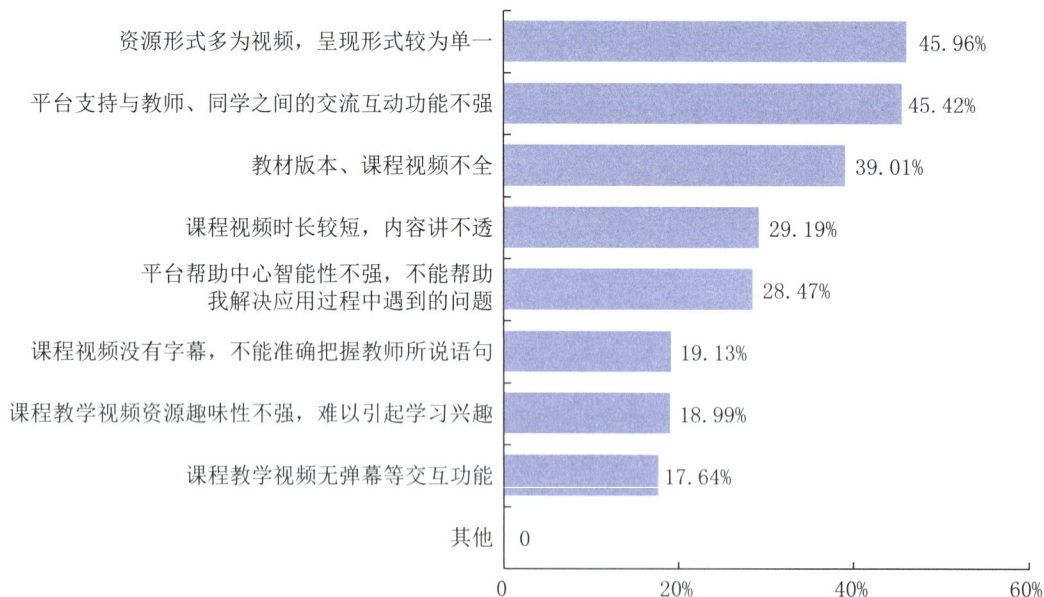

图 7-16　学生在使用国家中小学智慧教育平台过程中遇到的主要问题

教师在使用国家中小学智慧教育平台过程亦会遇到各种问题（见图 7-17）。57.73% 的教师认为平台的电子教材版本、课程资源不全，42.90% 的教师认为平台缺乏关于实验操作的演示类资源，35.46% 的教师认为平台资源形式较为单一。另外，16.46% 的教师注意到平台的资源内容存在一些错误，14.12% 的教师认为平台的交互功能不强，还有 4.06% 的教师关注到平台"帮助中心"无法提供智能化的应用帮助。整体来看，资源内容欠缺、资源内容有误、资源形式单一、平台功能短缺是教师在使用平台过程中遇到的主要问题。

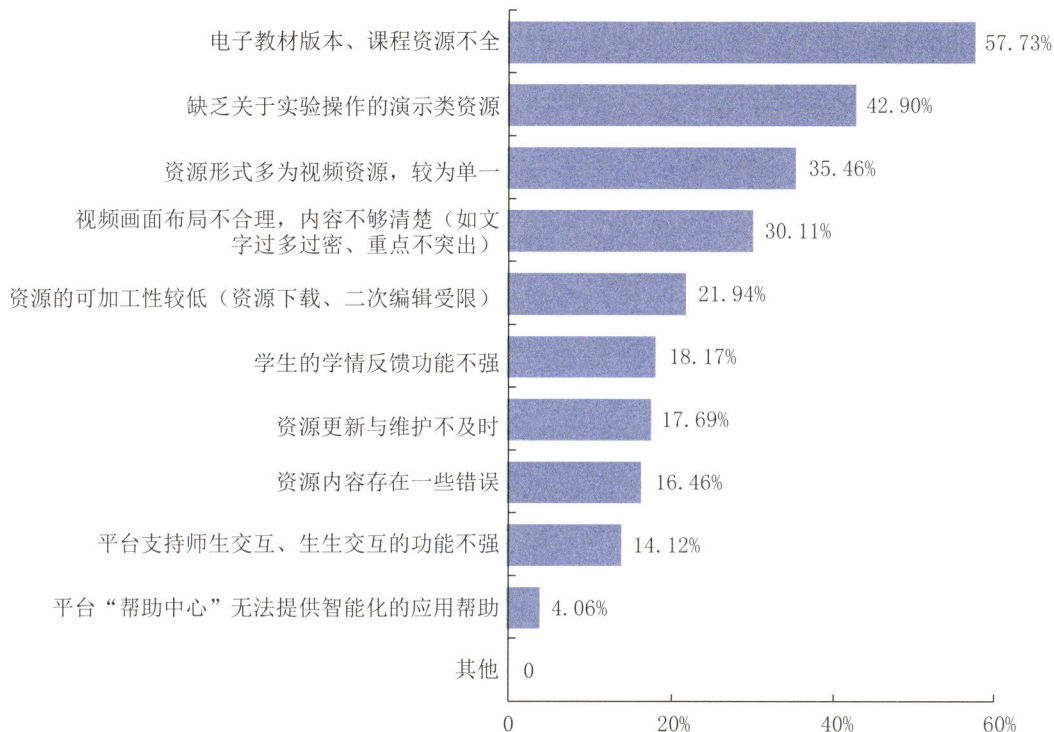

图 7-17　教师在使用国家中小学智慧教育平台过程中遇到的主要问题

7.4.2　南京市国家中小学智慧教育平台建设建议

　　针对平台存在的上述问题，管理者、教师和学生从各自角度提出了对平台的建设建议，以期进一步提高平台建设质量和应用效率。

　　从管理者的角度出发，管理者们从平台的数据功能和资源内容方面提出希冀（见图 7-18）。88.76% 的管理者建议优化对师生平台应用数据进行分析的功能，81.27% 的管理者建议增加学校管理者领导力提升的资源。

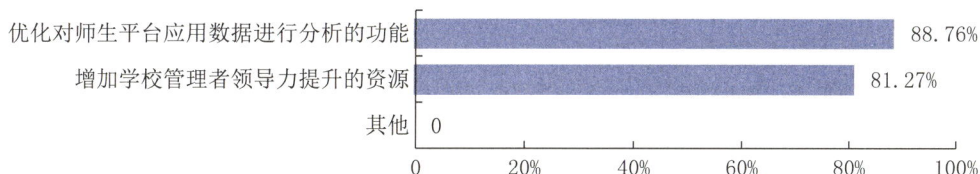

图 7-18　管理者对国家中小学智慧教育平台的改进建议

在平台的资源建设方面（见图 7-19），56.69% 的教师希望可以丰富资源形式，增加音频、动画、文本、图像等多种形式资源；50.12% 的教师希望增加虚拟场馆资源的应用活动设计案例；还有部分教师关注平台所包含的认知类工具、虚拟实验室和探究类资源内容的建设（分别占比 42.90%、42.68%、42.45%）；此外，30.42% 的教师建议完善资源的引入并使用淘汰机制来保证平台资源质量。

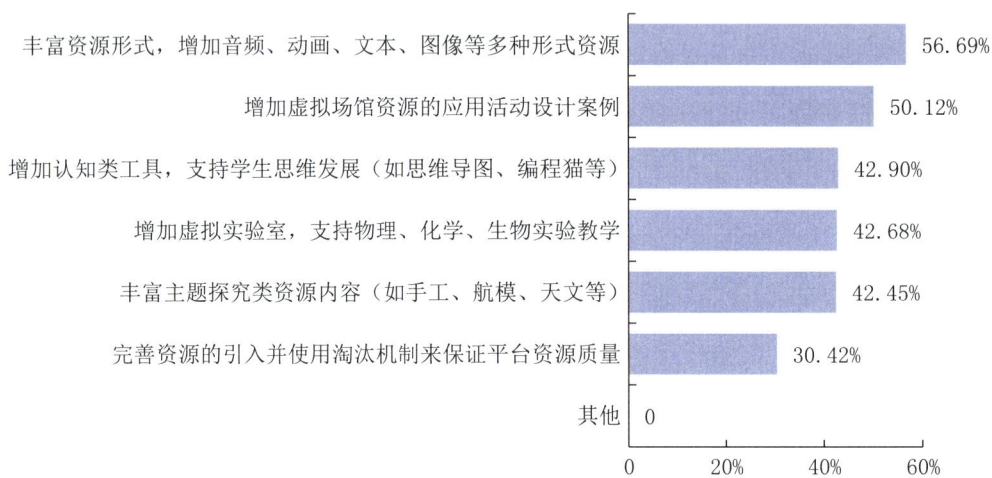

图 7-19　教师对国家中小学智慧教育平台资源的改进建议

在平台的功能建设方面（见图 7-20），69.27% 的教师建议增加资源的智能推送功能，提高资源应用效率，部分教师建议增加在线测试、作业练习及参考答案等功能（占比 58.13%），以及提供学情分析和学习诊断功能（占比 57.32%）。还有部分教师关注平台所提供的外语教材的

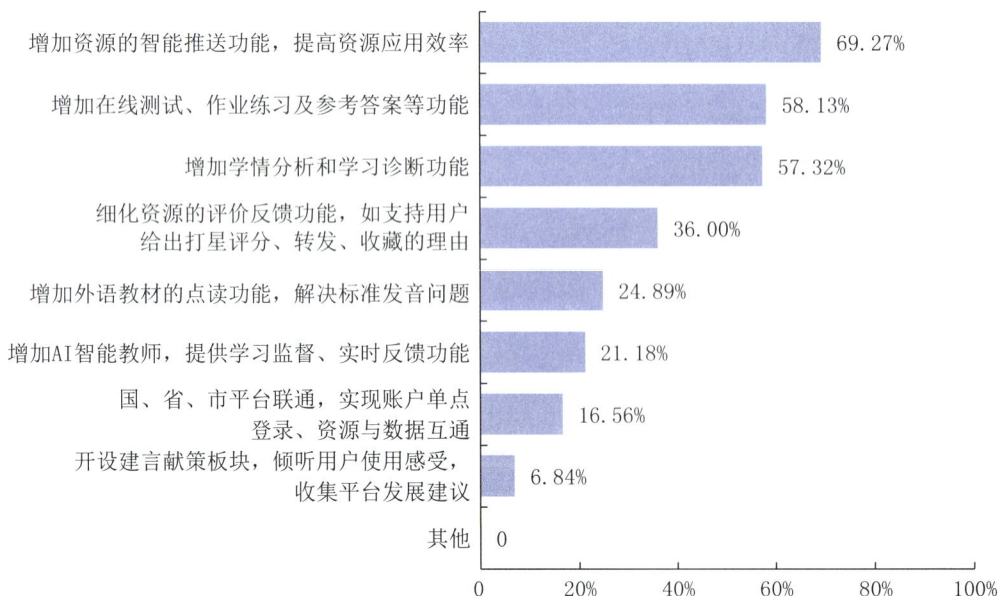

图 7-20　教师对国家中小学智慧教育平台功能的改进建议

点读功能（占比 24.89%）以及 AI 智能教师提供的反馈功能（占比 21.18%）。16.56% 的教师建议实现各平台数据互通；6.84% 的教师希望开设建言献策板块，倾听用户使用感受，收集平台发展建议。

为推动国家中小学智慧教育平台的充分应用，教师从培训活动、激励措施、研修学分三方面提出相应建议（见图 7-21）。76.77% 的教师希望开展平台资源与工具的应用培训，69.89% 的教师建议开展基于平台的信息化教学能力提升培训，48.59% 的教师认为区域或学校制订平台的应用激励措施（绩效考核、荣誉表彰等）可以推动平台充分应用，37.85% 的教师认为将参与平台研修的学时（学分）计入教师继续教育学分也可以推动平台充分应用。

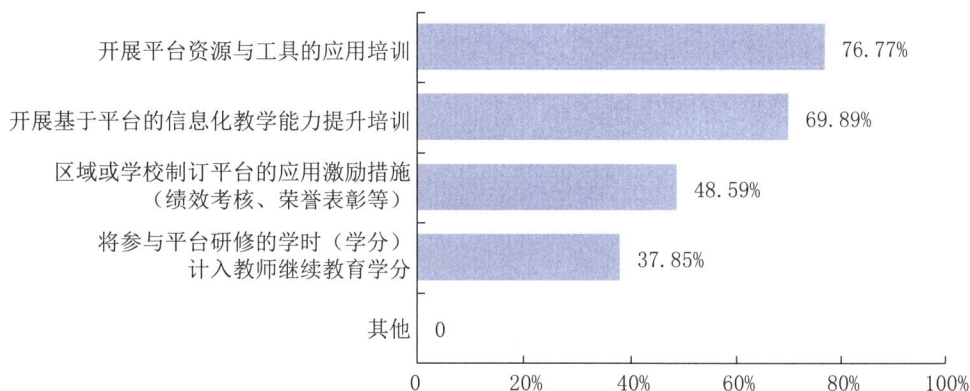

图 7-21 教师对推动国家中小学智慧教育平台充分应用的建议

从学生的角度出发（见图 7-22），74.09% 的学生建议增加课程视频配套的习题资源，53.76% 的学生建议丰富虚拟场馆类资源（如海洋馆、博物馆、天文馆等）。此外，平台也可以增加实时笔记功能、个性化错题记录功能、学情分析和学习诊断功能以及资源智能推送功能

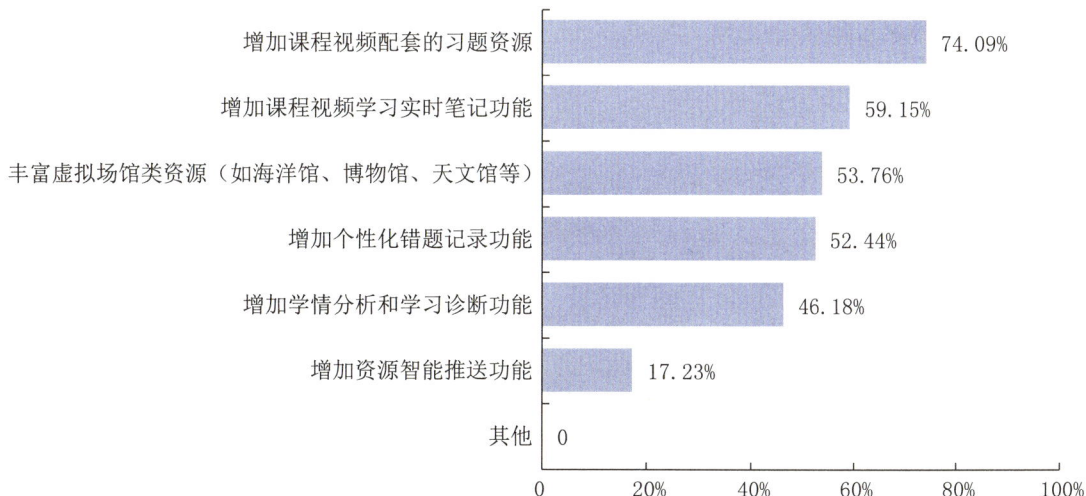

图 7-22 学生对国家中小学智慧教育平台的改进建议

（分别占比 59.15%、52.44%、46.18%、17.23%）。

7.5　南京市国家中小学智慧教育平台应用情况总结

本章从国家中小学智慧教育平台的应用频率、活动支持以及应用建议三个角度分析了南京市基础教育领域国家中小学智慧教育平台应用的整体情况。整体来看，国家中小学智慧教育平台在南京市基础教育领域应用状况较好，得到了较好推广。管理者、教师和学生三方均可以利用平台开展管理活动、教学活动和学习活动，三者也针对平台现有问题提出相应建议，以促进平台进一步完善，进而支持教育教学。

从国家中小学智慧教育平台的应用频率来看，管理者、教师和学生均能够常态化使用该平台。89.45% 的管理者使用过国家中小学智慧教育平台，90.27% 的教师使用过国家中小学智慧教育平台，70.82% 的学生使用过国家中小学智慧教育平台。由此可以看出，国家中小学智慧教育平台的应用率较高。

从国家中小学智慧教育平台的活动支持来看，平台可以为管理者的管理活动、教师的教学活动以及学生的学习活动提供不同程度的帮助。在管理活动方面，管理者可以借助平台进行教师管理、信息管理、班级管理等活动，且大部分管理者认为借助平台开展活动可以有效提高管理效率（占比 77.90%）和增加决策的科学性（占比 75.84%）。在教学活动方面，教师主要借助平台开展教学工作（占比 75.85%），进行研修（占比 62.39%），开展课后服务（占比 46.38%）以及实现家校协同育人（占比 30.51%）。在学习活动方面，学生主要利用平台进行课程学习（占比 91.04%），包括根据教师分享或指定的平台上的资源进行课程学习，通过师生群聊功能接收作业或活动通知并提交作业或活动成果等；其次，学生可以利用平台开展自主学习（占比 55.59%），也可以开展课后活动（占比 35.05%）。

从国家中小学智慧教育平台的应用建议来看，该平台目前存在不同层面的应用问题。例如学生在使用过程中注意到平台资源形式过于单一、内容短缺、缺乏趣味性等问题，而教师在使用过程中也提到平台所提供的电子教材较少、内容单一甚至有误、平台交互功能不强等问题。因此针对上述问题，平台首先可以优化平台数据的分析功能并增加领导力提升的教育资源，以帮助管理者更好地利用平台开展管理活动；其次可以丰富平台资源形式，加强平台的互动功能，完善平台资源建设机制，以帮助教师充分利用平台开展教学活动；最后可以在学生自主学习时为其搭配适恰的习题资源、增加资源的吸引力等，促进其积极主动地学习。

第八章

CHAPTER 8
南京市基础教育领域互联网学习案例及分析

2023 年南京市白皮书项目组收集到的学校案例涉及南京市 9 个区域，覆盖幼儿园、小学、中学，涵盖互联网时代的学习方式创新、教学模式变革、教育管理服务创新和网络名师工作室建设四个方面。

8.1 案例基本特点

南京市在持续推进互联网学习方面涌现出较多优秀学校与案例，项目组共收集全市 9 个区的 54 个案例，主题主要涉及互联网背景下的学习方式创新、互联网支持的教学模式变革、互联网支持的教师专业发展、互联网支持的管理与服务方面。项目组从新空间下学习应用创新的视角出发，遴选出 18 个较为有代表性的优秀案例，呈现出 2023 年南京市基础教育领域互联网学习的基本特点。

8.1.1 积极探索智能教育实践，促进高质量学习发生

本次收集的案例学校均积极探索智能技术在教育领域的落地应用，从设计特色校本课程、构造智慧学习场域等角度变革与创新学习方式，支持高质量学习的发生。第一，构建面向核心素养提高的特色校本课程。为培养学生的综合素养，各校积极探索智能学习场景支持下融合本校教学特色的跨学科课程、项目化学习课程，并不断优化和推广。南京市建宁中学针对不同的学生分层实施不同的校本课程，例如，在初一年级开设普惠性课程，针对部分有兴趣、有一定基础的学生进行初阶的开源硬件及编程教学，针对学有余力的学生开设机器人、无人机等兴趣活动课程。南京市软件谷第二小学以"场景学习、泛在资源、数据可视"为信息化发展关键要素，统筹规划"e 起听"语音学习课程，纳入语文、数学、英语、科学、美术、音乐、心育等学科。第二，构造技术赋能下支持个性化发展的智慧学习场域。为满足学生的个性化需求，支持每个学生的个性化发展，各校大力推进与探索智能技术支持下的智慧学习场域。南京师范大学附属小学仙鹤门分校打造能够灵活调整教学环境、空间布局，兼具开放性与多功能性的未来教室，通过双师课堂等方式融入优质的教学资源，建设"未来教室"精品课堂，以促进学习活动的真正发生。

8.1.2 聚焦学习空间建设应用，推进教学环境的变革

本次涉及的学校进行了学习空间的建设，借助技术打造了未来教室、"怡阅空间"、智慧学习场等，并展开了相关实践，积极推进学校教学环境的改变。第一，积极推进智慧校园建设，

打造学校的智慧系统。例如，南京师范大学附属中学新城小学怡康街分校进行了基于"怡阅空间"的智慧校园建设与应用，建设一系列数字化基础设施为支撑的智慧阅读系统，建立与国家教育信息化标准相衔接、符合学校实际的信息化智慧阅读的标准体系，让学生可以做到"月读""阅读""悦读"以及"跃读"。第二，技术赋能学习空间变革，开展基于学习空间的实践探索。例如，南京师范大学附属小学仙鹤门分校重点以学习空间变革的研究与实践为着力点，建设"未来教室"，学校将现代信息技术与传统教室空间融合，打造一个促进学生活动、学习与创造的智慧学习空间，借助信息投屏、VR 等技术建构一个集知识、技能、体验为一体的未来素养空间，将学生置于真实的育人环境中，提升其沉浸式学习体验。同时借助"未来教室"的信息技术和学习场景设置，打造课堂教学新样态。南京理工大学实验小学进行了 5G 支持下的智慧学习场的建设与应用，建设 5G 支持下的物理空间、虚拟空间，并进行了基于 5G 支持的教学空间课程的实践探索。

8.1.3　打造数字化管理平台，重点关注管理效能提升

本次涉及的学校均尝试建设了智慧化、信息化的一站式管理平台，以提高学校的管理效能为目标。在日常管理问题上，南京市江宁区九龙湖幼儿园构建了互联互通的数据化一站式管理平台"海马 e 站"，打通幼儿园管理各环节，将智慧安防、智慧教学、智慧办公、家园共育、智慧数据等功能联结；在作业管理问题上，南京市科利华铁北中学依托已有的南京教育政务平台，以"开放平台＋微服务"的设计开发了"作业支持管理"平台，实现了精准监测作业总时长，合理调控作业结构，优化作业设计，营造了良好学习生态；在校园基础设施管理上，南京市浦口区第三中学建设了校园物联网应用，实现了对所有教室及功能室的多媒体设备、空调等的管控，并创建了报告厅、会议室等智慧应用场景，实现人脸识别验证身份开关。校园中还有智慧气象站及智慧农植园应用，以便学生开展探究，实现了校园的高效管理、智慧节能与科学探究。

8.1.4　依托于网络名师工作室建设，聚焦教学共同体发展

推动网络名师工作室建设，对于提高教育质量、促进教师专业发展、优化教育资源、推动教育教学改革、构建教学共同体等方面具有重要意义。江苏省网络名师工作室深入开展信息化教学研究，借助工作室平台积极开展教研活动。第一，探索互联网创新应用，助力教师教学和学生学习，赋能教学共同体持续发展。方玉春网络名师工作室以南京市软件谷第二小学为研究实践基地，重点研究"学习空间＋语音学习系统"的创新应用，校内积极组建语文、英语等学科的教师研究共同体，借助学校微信公众号，以数字化文本、图片、音频等开展教学交互，促进教师教学和学生学习共同发展，通过线上"e 世界学院"学习平台与线下"小小廊道 e 学中

心"虚实互通，冲破时空壁垒，教师与学生之间的交互更加自主及时。第二，积极推进教学要素创新应用，探索未来学习方式的变革。柏春花网络名师工作室基于探究、创造、合作等理念，综合教学、社团、创客在内的启蒙教育空间，创建味稻城、草雕坊、渔歌村等八个特色场馆，基于八个场馆的教学资源，以多样化的资源组合激发学生创造思维，寓教于乐，开展基于项目的学习，让学生在"玩中学、玩中做、玩中发展"。

8.2 互联网时代的学习方式创新

8.2.1 数智化赋能语音学习新样态

南京市软件谷第二小学以"场景学习、泛在资源、数据可视"为信息化发展关键要素，紧密围绕"e"的文化标识，打造"线上'e世界学院'+线下'e学中心'"的微学习空间，整体构建"人人皆学、处处能学、时时可学"的多模态学习环境，致力于让学生学会用网络、语言、思想联结世界，实现卓尔不凡、创意发展。学校是第三批江苏省网络名师工作室（语音学习方向）、2022年南京市人工智能试点校、南京晓庄学院未来学习研究实践基地，获评"南京市网络文明夏令营优秀营地"，连续获得"雨花台区教育信息化年度先进学校"等荣誉。

1. 发展历程

为了解决传统语音学习的不足，学校立足当下问题和实际，结合已有项目和资源，在数智化赋能语音学习方面进行了一定尝试，经历了探索方法、锁定目标、创建场景、设计生态等阶段，通过实施、调整、优化，最终在学校落实推广。

（1）明晰问题，探索方法

学校基于传统语音学习存在的不足展开一系列探索，在常态化开展学科语音教学的同时着手实施语音学习的跨学科表达。打造的"科学e起听"第一期节目在学校微信公众号发布，吸引了两百余人次收听，此后逐周连载，成为孩子们课间交流、协同研究、满心期盼的一大话题。

（2）锚定目标，创建场景

在数智世界的时代背景下，技术为深度变革语音学习方式提供了可能。学校重构物理与虚拟空间形态，打造线上线下相融合的学习场景，例如，在现实空间中，在教学区域部署了定向音箱，用于指定范围内的扩声，课间播放语音学习资源，学生可以在相应时间进入区域收听；在虚拟空间中，在学校网站、微信公众号、视频号以及由学校自主开发的"e世界学院"线上学习平台同步发布线上音频课程，供学生随时接入并获取。

（3）聚合系统，设计生态

取得一定成效后，学校尝试利用技术生态圈改变知识传播方式和教育交往方式，期望让学习从封闭走向开放，进而凸显学校教育的育人功能。例如，整体建构"1344"模型（见图8-1），明确以学生"能力发展"为核心愿景，以"智慧化环境、定制化课程、增值型评价"为责任担当，擘画"场景学习、泛在资源、数据可视"三大关键要素，驱动"语音学习"生态的数智化转型。

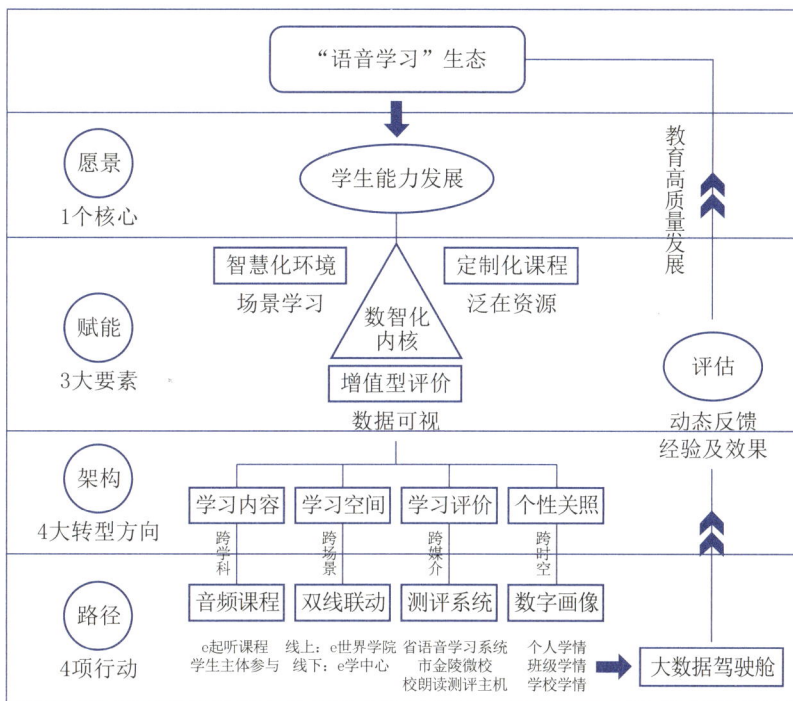

图8-1 "1344"模型

2. 发展现状

目前学校积极进行了语音学习的初步尝试与深入探索，成功将语音学习融入教育体系的各个方面，包括学习内容的呈现、学习空间的重构、学习评价的转型以及生成学生数字画像等方面，取得了显著而丰富的成果。这一全面的努力不仅提高了语音学习的效益，也为学生的综合发展和个性化学习路径的规划提供了坚实的基础。

（1）拓宽学科边界，打造以"综合素养"为导向的学习内容

为全方位、多层次地鼓励学生主体参与，打破语音学习局限于语文、英语应用的学科壁垒，学校以高质量实施国家课程标准为指向，统筹规划"e起听"语音学习课程，纳入语文、数学、英语、科学、美术、音乐、心育等学科（见图8-2）。各学科教师从教学目标出发，遴选适于音频呈现的拓展内容，确定了课文诵读、趣味故事、名人名言、单词跟读、歌曲范唱等形式，由学生进行播报及展示，按照每月一期的频率更新内容。

图 8-2 "e 起听"语音学习课程

（2）重构学习空间，注重"泛在交互"的学习过程

物理空间中，学校充分构建信息技术文化环境，设计了"小小廊道"e 学中心，包含四间悦听区角及三间 e 起阅读吧，融合了视觉、听觉、触觉等多种感官体验的学习方式。学生在校园内可以利用碎片化时间步入其中，通过朗读主机进入智能人机交互，巩固课上所学。学校系统结合低年段的认知规律设计了趣味化的操作界面，目前已完成小学阶段语文、英语国家课程的资源研发与整合，对应教材的目录内容，使语音学习不再受限于课堂的练习时间。虚拟空间中，学校将网站、微信公众号、视频号以及"e 世界学院"（见图 8-3）线上学习平台统整为新媒体资源矩阵，同步发布语音学习线上音频课程，供学生随时接入并获取；同时结合江苏省中小学语音学习系统搭建交互平台，教师可发布朗读、识字、听写等任务，学生在家中可通过移动终端听音跟读，即时上传自己的成果，根据教师及系统的反馈指导优化发音。

（3）聚合测评系统：学习评价从"经验主导"向"数据驱动"转型

学校全面部署了"省语音学习系统＋市金陵微校朗读模块＋学校朗读测评"的 e 学语音学习测评体系。其中，省语音学习系统打通家校协作的"最后一公里"，主要用于学生在家时的语音学习及评价，为教师及时了解学生的预习、复习学情提供数据支撑；"金陵微校"朗读

图 8-3 "e 世界学院"

模块主要结合智慧大屏使用，用于课堂上的激趣及唤醒，任课教师可实时给学生赋予表现性评价；自主研发的学校朗读测评系统针对在校的课余时间，学生可使用测评主机或移动平板登录，选择感兴趣的课时内容朗读，人工智能语音识别技术从准确度、声韵、完整度、调型、流畅度、整体印象等 6 个维度评价并记录，得出综合评分（见图 8-4）。在具体实施中，测评系统的应用做到了常态化，例如，学科教师根据教学进度日常发布朗读、识字等在线任务，学生完成后会生成具体到词句的量化评价；每月学校会按年级组织统一测评，了解每个学生在朗读能力上的发展水平。目前，测评系统采集数据逾万条，生均测评数达 30 人次，揭开了"语音学习"效果不可见的面纱。

制作者	素材名	综合评分	采晰度分	整体印象分	流畅度分	完整度分	声韵分	调型分	提交时间
	动物儿歌	89	88	84	88	100	97	97	2022/6/23 13:24
	动物儿歌	92	94	90	91	100	100	100	2022/6/9 14:24
	动物儿歌	82	89	82	76	59	64	55	2022/6/9 14:19
	动物儿歌	92	100	89	87	100	98	92	2022/6/9 14:17
	动物儿歌	76	78	76	74	100	88	89	2022/6/9 14:16
	动物儿歌	88	93	84	85	100	96	97	2022/6/9 14:15
	动物儿歌	84	88	81	84	100	89	91	2022/6/9 14:14
	动物儿歌	86	91	81	84	100	91	93	2022/6/9 14:10
	动物儿歌	92	95	89	90	100	100	100	2022/6/9 14:09
	动物儿歌	70	72	72	67	100	88	93	2022/6/9 14:07

图 8-4 测评系统应用常态化

（4）生成数字画像，加强对学生的个性关照

学校始终致力于语音学习的数据驾驶舱建设，尝试整合"省、市、校"三级朗读测评数据，供家长和教师更清晰地"看见"孩子语音学习的成长轨迹。目前，学校初步建立了语音学习中内容偏好、风格特征、朗读能力等维度构成的学生动态"数字画像"，例如，经过画像分析，有的学生热衷于刷新最高分，两周中只读同一篇文章，有的学生则喜好尝试，自主朗读中每篇文章只读一遍……这样的画像有文字、表格、图形等多种形式，直观形象又有翔实的数据使教师更好地认识和了解学生。后续，学校还将把学生情绪、合作倾向、家长支持等维度纳入，形成更加全面的语音学习能力数字罗盘。借助数智技术，教师从测评数据中分析共性及个性问题，为日常教学中的教学逻辑起点设置提供依据，同步制作个性化指导微课程，并在学校"e 世界学院"线上教学平台中精准推送至相应学生，对具体发音、轻重音、气息控制等进行指导；教学管理者能从数据看板中及时了解可能出现的问题及可优化的方法，做出科学精准的决策调整。

3. 发展经验

（1）构建双线联动的语音学习空间

学校重视语音学习在基础教学过程中的重要地位，构建关注学生个体发展的教学语音微空间，通过对数字化资源有效解构与建构，促进碎片化学习的有效集聚与融合。依托学科课程，学校创建了丰富的语音学习场景，促进学生在有趣的言语实践中积累言语经验，有效地丰富和增强语感，由学生播报、在新媒体矩阵发布的"e 起听"及"小 e 领读"两大语音学习栏目成为师生、家长共同关注的优质展示舞台，平均阅读率达到 300 人次。

（2）形成泛在供给的语音学习方式

积极推进语音泛在学习，在封闭的校园内创建一种开放的学习文化。一方面是学科伴随，在日常教学中深化音频课程知识，逢每期课程更新节点，各学科利用随堂时间做好"四小"（即小练习、小讨论、小演讲、小表演）的阶段性评价，教师根据学生表现给予反馈及评价；另一方面是活动伴随，定期开展"同读一本书""小小营养师""e 学之声"等，提供大量机会给学生充分展示自我，教师在其中做好正向引导，捕捉记录每个学生的闪光点。

（3）探索数据立意的教学管理模式

学校利用可视化数据分析构建教学评一体的生态。在基础教育领域的语音学习过程中，可视化分析显得尤为缺乏，存在评价主体主观化和评价对象泛化的问题，难以满足语音学习个体水平发展和认知风格的差异。学校充分发挥互联网优势，通过智能学习系统的可视化数据分析，更加关注学生的隐私保护、学习风格差异、动态交互介入和线下数据融合，整体打造能够有效评析学生学习成果的评价体系，及时掌握学生认知规律，审视课程内容的有效性，形成

"教学评"一体的完整生态。

（4）形成技术赋能的教师发展路径

学校积极推进教师信息化培训等，探寻教师专业发展路径。借由语音学习资源整体建设的研发与应用需求，学校开启了教师信息技术能力提升专题研训，每学期开设两次，至今已开展"常用音频制作软件""Audition 音频制作方式""怎么采集声音"等多场活动，同步生成点播资源供教师回看学习；举行主题沙龙活动，对学生喜爱的节目做解构剖析，梳理其中要素；定期开展音频资源研发竞赛，以赛促建、赛训合一，深化课程研发实效。至今，全校教师皆能熟练掌握音频资源的录制及剪辑，学科教师间协作通畅，为课程的整体推进提供了保障。同时，学校发布了富媒体形式的《音频剪辑操作手册》，方便教师随时查询。手册中明确了技术规范，并给出相应问题的解决、处理办法。

4. 进一步发展方向与关键问题

未来，学校将从三方面进一步发展：第一，延展语音学习的媒介载体与成果形式，纳入更适于不同能力起点学生的语音学习工具；第二，建设"人工智能＋语音学习"的网络学习空间，打通各级平台的学习资源与行为数据，借助人工智能技术形成更清晰可视的学生数字画像；第三，建立适合各级、各部门、各学科、各身份的基于多维数据证据的价值模型，增强语音学习的诊断力和决策力，并向更多教育环节推广使用。

8.2.2　重构学习设计技术赋能"乐活"教育理念

南京市龙江小学基于学校学情，以重构学习设计赋能"乐活"教育理念为主导思想，将"乐活"融入学校的教育体系与环节中，积极运用技术赋能教育，为精准化学习和个性化学习提供有力支撑。学校借助数字化改造工程，致力于打造一座开放式的智慧校园，积极探索适合自身发展的信息化之路。学校先后被评为南京市首批集"科技校园""书香校园""数字化校园"三园合一的"智慧校园"示范学校、教育部实验基地学校、南京市青奥示范校、南京市"智慧校园"示范学校、全国未来风向标学校等。

1. 发展历程

项目的前期组织和实施主要分为三个时期：第一是理论及技术学习期，学校邀请专家进行全员信息化2.0培训、"双减"培训以及2022年暑期"新课标"培训，为教师打牢实施方案的思想和能力基础。第二是平台架构期，学校依据前期的规划与设计，以教研为中心，辐射备课、上课、作业、辅导等教学环节，架构了在线协同备课、在线课程、智能批阅、电子错题本、生本课堂等子项目，也成为"乐活数据吧"的数据来源。第三是方案实践期，学校在语、数、外等学业负担较重的学科开展在线协同备课、在线课程、智能批阅、电子错题本、生本课堂全项目的实践，在音乐、体育、美术、科学、综合实践、信息技术、劳动等学科开展在线课程和生本课堂等项目的实践。

2. 发展现状

历时一年半的教学实践，"乐活数据吧"中积累了大量的教育数据，各子项目运行效果良好，"重构学习设计"方案的目标已初步达成。

（1）推进智慧教学，形成实践范式

在智慧教学方面，学校开展数字化学业评价项目，实现了精准教学，经过多年的实践形成了"当堂反馈—数据统计—跟踪矫正"的数字化学业评价实践范式。在智慧校园管理上，学校应用了基于微信的校园管理平台，打造了企业号"龙江小学乐活园"和公众号"南京市龙江小学力小分校"。在智慧课程上，学校依据学生需求，结合本校特色，编写了以"物联网种植"为核心的 STEAM 课程，开发了"乐活 Scratch 搭建"课程，创编了"iPad 编曲"课程，编写了基于虚拟现实的"交通安全体验"课程以及基于课程的"V 校"资源共享平台，实现了协同备课和教学资源共享。龙小学生们在各级各类比赛中屡获佳绩：获得全国中小学移动创新大赛最高奖，江苏省"人工智能""金钥匙机器人运动"大赛团体一等奖，在省、市中小学电脑制作大赛、创客比赛中多次获得一、二等奖。

（2）赋能"乐活"，推动学校设计变革

重构学习设计技术赋能"乐活"是借助互联网、大数据等技术手段推动学校学习设计的变革，以组内"每日教研"为核心和基质，向"备课、上课、作业、辅导"等教学常规基本环节输送营养和资源；学校基本完成了完整学年的"每日教研"蓝本；开启了"AI 批阅""数字错题本"和"生本课堂"等实践项目（见图 8-5）。其中"每日教研"为日常教学活动环节赋能，将"优质、共享"作为教研目标，将"教学目标向学习目标的转化"作为学习目标。课堂教学

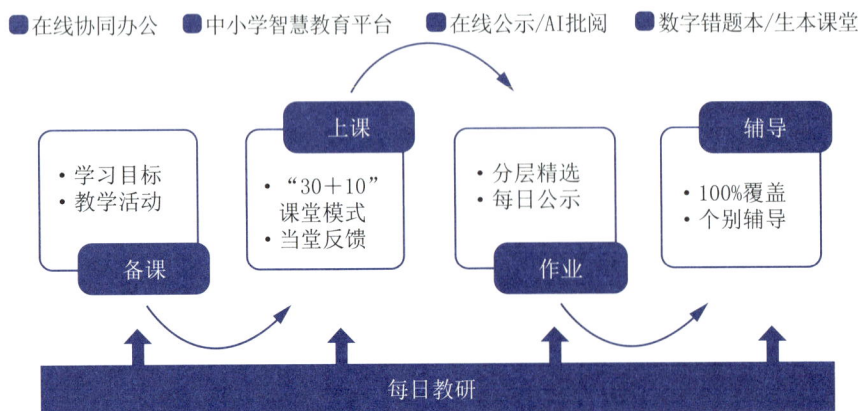

图 8-5　借助互联网、大数据等技术手段推动学校学习设计的变革

采用"30+10"的模式，配合精准作业以及个性化辅导延续课堂学习效果，形成完整的闭环学习设计。在此过程中，信息技术作为学习的外部支持全程参与。

3. 发展经验

经过重构学习设计技术赋能"乐活"的实践探索，学校打造了"生本课堂"，在智慧教学等方面形成了一定经验。

（1）打造"生本课堂"，让"乐学"看得见

学校打造学科主题项目，鼓励学生通过微视频的方式"讲"出来，上传至"生本课堂"。学科主题活动每个学期由教师精选，例如语文学科"悦享经典"、数学学科"数眼看生活"、英语学科"中国故事英语表达"、综合学科"生活中的百科"等。鼓励每个学生每学期根据自己的兴趣和意愿参与活动，并上传一件自己认可的"微课"作品。目前，"生本课堂"平台中已积累了千余件学生微课作品，学校制作了多期微信公众号内容推送，让"乐学"成为一种自觉。

（2）提出"一会三单"，让教研有蓝本

学校针对备课教研的难题提出"一会三单"的解决方案。"一会"指同年级组的每日学科教研会，研讨每日课时教学（学习）目标、课堂活动、学习效果检测方式及课堂效果反馈；"三单"指教学（学习）目标单、课堂活动单、作业公示单。通过"三单"记录每次研讨数据，并迭代更新上一轮的记录，作为下一轮教学的经验积累。目前，学校已在市馆在线协同办公平台完成第一轮（一学年）的"每日教研记录"，能够作为后续学年教研优化迭代的蓝本。

（3）技术赋能促进"减负"

学校借助"智能批阅"与"数字错题本"等应用，让班级整体学习情况、学生个人错题数据等清晰可见。学校教师充分利用这些可视化的数据开展教研，为学生确定阶段性学习目标。同时，学校利用技术为教师减轻了繁重的作业批阅工作，留出更多的时间开展教研、实施精准教学，也减轻了学生的学业负担。

4. 进一步发展方向与关键问题

在今后学校将进一步探究如何基于数据驱动的教研改革，探寻作业设计与评价的实践路径。在已经形成的教研蓝本的基础上，继续迭代优化，形成校本教学资源。同时，希望能够借助统一的平台与其他学校进行共建共享，开展协同工作。

8.2.3 "创客"＋"专门教育"：改变，从思考和动手开始

南京市建宁中学于 2012 年开设了乐高和机器人工作室。在"大众创业　万众创新"和"互联网＋"的大背景下，筹建了"创客工作室"。经学校申报、市教育局审批，学校成为"南

京市中小学创新教育实验"基地学校及"南京市初中教育内涵发展与全面提升计划配套建设工程"项目学校。经过多年探索，在硬件建设、队伍培育、课程开发、教学科研、学生转化等方面的相关工作均取得了一定成效。

1. 发展历程

学校从筹建"创客工作室"，历时七年左右的时间，初步建成多维一体、有机结合的多处创新教育阵地。课程创立之初，学校创客教师从零开始，通过测绘，在电脑上建模、绘图，设计出工作室的最初造型。完成操作台面的安装固定、弱电线缆的铺设调试、教学电脑的硬件组装和软件安装等一系列筹备工作，让工作室初具雏形。经过多年循序渐进的设计、建设，学校的创客空间愈加完善，建成功能分区，并打造了多维一体的创客学习空间。

2. 发展现状

目前学校新"创客空间"教室已经建成"普及课程区""拓展提升区"两个功能分区，两个空间既相互独立，又在物联网及网络设施、云平台桌面、软件等方面共享资源，达到了资源的最大化利用。除创客空间外，学校还建设了理化双试验室、机器人工作室、木工教室、电商专业实训室等多个创新教室，并将其纳入"创新教育"的整体框架内进行谋划，有针对性地开发了多门校本课程，实现了空间上独立、课程设置及育人目标统一的有机结合。此外，学校还对校内创新教育阵地进行了整体文化设计，设计了创客活动课程的徽标："C+"，对各个创新教育课程教室内外进行了氛围营造，设计制作了风格统一的徽标、宣传画、海报等宣传用品。目前新"创客活动课程"的"C+"徽标已经成为全校师生耳熟能详的创客品牌。

3. 发展经验

学校在"创客空间"的建设中，大力推进了学校的创客教育，开发了校本课程，取得了较好成效，在搭建学习平台、创新教育科研、创新教育课程等方面形成了一定经验。

（1）建设"一体空间"：构筑多维创新教育阵地

学校积极推进创客教育，建成多处创新教育阵地，将创客教室建成了"普及课程区"和"拓展提升区"。此外，学校还建设了多个创新教室，并将其纳入"创新教育"的整体框架内进行谋划，开发了多门校本课程，对创新教育阵地进行了整体文化设计。

（2）成就"一群教师"：培育优秀创新教育队伍

学校创新教育项目的发展离不开优秀的教师团队。学校重视教师队伍建设，积极组织 C+创客工作室的教师参与市电教馆组织的培训和校内教研活动，并针对市创客大赛、机器人大赛、劳动技能竞赛的相关项目等赛事进行专项研讨。结合学校的"三鹰工程"，将年轻教师的创新教育能力纳入总体规划，发挥骨干教师的示范引领作用，鼓励年轻教师发掘自身优势和潜能，提升专业本领。

（3）坚持"一个目标"：搭建四类创新教育平台

学校致力于学生的教育和成果转化，通过搭建四类平台，让创新教育相关课程成为实现这一目标的重要抓手和有效方法。第一，针对学生对学习无兴趣的情况，学校搭建了"校本活动课程"学习平台，如每学期初学校都会举办"校本活动课程师生双选会"，学生可以按照个人喜好选择参加的课程。第二，搭建各级各类"创客""机器人"竞赛平台，让学生"获自信"。目前学生已获得十八个市级奖项、两个省级奖项、两个国家级奖项。第三，搭建展示平台，让学生"很自豪"。例如学校将学生获奖的信息刊登在学校的微信公众号和官方网站上、利用大屏幕播放学生参赛的照片和视频资料等。第四，搭建交流平台，让学校"有影响"。学校积极申报各层级创新教育交流活动，在全市兄弟学校及全国同类型学校中取得良好反响。

（4）探寻"一条路径"：推进落实创新教育教研

学校从四个方面推进落实创新教育教研：第一，学校努力拓宽渠道，提升教师研究力例如，针对专门学校创新教育中存在的"痛点"问题，学校实施"教育实践＋科研"的策略，邀请市、区教科所、教研室的专家开设专题讲座，加强专业培训，鼓励教师加强理论和实践成果的学习；第二，学校聚焦现实学情，提升学生发展力，例如学校将提升专门学校学生的教育转化效果作为课题研究的最终目的，将创新教育科研和德育研究、学生不良行为习惯矫治等方面有机结合，开展多项相关课题研究；第三，学校加强成果孵化，提升科研吸引力，例如学校进一步完善科研管理制度，将教师参与情况与职称评定、岗位晋升、评优评先挂钩，鼓励教师积极申报、参与各级各类科研课题、论文、教育案例等评比活动，学校将优秀论文推荐到杂志进行发表；第四，学校加强课题研究成果孵化，通过邀请专家修改论文以及组织推荐上级课题等方式，提高课题申报和研究水平。

（5）深耕"一方讲台"：开发精准创新教育课程

学校注重研发适宜专门学校学情的课程体系，最大化发挥课程的育人效果。第一，分层实施，探索开发校本创新课程。学校针对不同的学生进行分层实施。例如，在初一年级开设普惠性课程，对全年级学生开设图形化编程相关课程，针对有兴趣、有一定基础的学生进行初阶的开源硬件及编程教学等。第二，兴趣先行，探索开发校本衔接课程。针对专门学校学生学习基础差、直接学习物理和化学课程存在困难的问题，学校尝试开设"生活物理""生活化学"课程，将理化等学科的内容与创新教育有机结合。第三，立足转化，探索开发校本融合课程。针对专门学校学生的特殊学情，学校将创新教育与劳动教育、职业教育等相结合，立足学生教育转化，探索开发适合专门学校的创新教育校本融合课程。例如开设木工手工课程，将科创元素融入农业劳动之中；加入区"智能气象站"项目学校之中，在校内安装智能气象设备等。此外，学校也探索初中部创新课程与中职电商专业融合发展，把创客空间和电商实训室的硬件进行联通，发挥学校中职部对初中部的示范引领效应。

4. 进一步发展方向与关键问题

学校在建设后备师资力量、引领低层次学生、建设专门教育引领示范校等方面还存在瓶颈，未来学校将进一步提升"创客空间"各项软硬件建设水平；进一步提升学校创客教育师资力量，初步建立"阶梯式"师资培训体系；进一步扩大创客教育在学校的覆盖面，落实全员普惠计划；进一步增加创客教育相关课程与初中、中专两个学段其他各门课程的融合度，深化"生活物理""生活化学"等现有校本课程的实践探索，尝试建立一至两门新的融合教育校本课程。

8.2.4 从"特色社团"到"普及课程"——STEAM 教学在学校的建设和实践

南京市燕子矶中心小学以行知思想、行知文化指引着学校的办学方向，重视学校信息建设，一直将信息技术作为学校超越式发展的平台，在学校展开了 STEAM 教学实践，取得一定成效，学校先后被评为"南京市数字化校园""南京市智慧校园示范校""南京市创新实验基地学校""栖霞区创客基地学校""南京市人工智能教育培育校"等。

1. 发展历程

学校积极推动 STEAM 教学实践，从建设教室、完善硬件设施、创建课程到培养学生等经历了一系列阶段。

（1）起步建设期

学校自筹资金，建设符合学校发展实际的 STEAM 科创教室。在完成建设标准工作室的基础上，积极培养机器人教师人才，组织学校信息科技教师参加省市组织的各项培训，同时加强机器人专业人才的交流，为提升学校的机器人教学水平奠定基础。

（2）快速发展期

学校继续加强硬件设施建设，同时以两条主线进行发展。第一条主线是以赛促教，学校鼓励学生积极参加各级各类 STEAM 比赛，以赛代练，以赛促学，在栖霞区首届机器人赛、南京市中小学机器人竞赛、NOC 全国赛中斩获佳绩。社团学生在各级比赛中名列区级前茅，网络社团课题项目已获市级立项，其中涵盖机器人社团学习项目。学校成功创建"南京市创新实验基地学校"，获得市级专项资金支持，继续完善硬件条件。另一条主线是学校开设个性化特色课程，把 STEAM 教学校本课程化。学校机器人课程已覆盖低、中、高三个学段。低年级开设了乐高 9686、wedo2.0 课程；中年级开设掌控板编程课程、3D 建模课程和优创未来人工智能竞赛项目；高年级开设虚拟机器人课程、MakeX 和超级轨迹竞赛项目。每个阶段都开发了较为完善的课程体系。

（3）稳步发展期

学校全面培养机器人、创客、人工智能专业学生。利用信息技术课、综合实践活动课、课外活动、网络学习等形式组织学生学习相关知识，搭建创新教育活动平台。将原本的一间"科创教室"打造成 300 平方米的"众创空间"，从一年级开始进行 STEAM 普及教育，合理安排纳入普及教育教学范畴并开展校本课程研究。

2. 发展现状

学校结合实际情况，从一间小小的"STEAM 科创教室"开始，抓住每一次创建机遇，每年争取市级和区级专项资金，不断扩展和完善，最终打造出"STEAM 众创空间"。学校积极推进 STEAM 教学对学生创新能力培养的研究，让学生在课程中体验"玩中学、做中学"，真正做到"知行合一"。在课程方面，学校通过综合实践活动课程、信息科技课程和社团课程开展 STEAM 教学，开发特色校本课程，保障教学的时间和师资力量。在竞赛方面，在一到三年级开展 STEAM 普及课培养学生学习兴趣，在四到六年级选拔优秀学员组建竞赛社团，形成"以赛促学、以赛代练"的机制。在师生的持续发展方面，学校鼓励师生"走出去、引进来"，积极组织社团师生参加校外各级各类相关活动，面向全校组织开展校园科创节活动，提高了全校师生的信息素养和创新能力。目前，学校在 STEAM 教育的开展方面已经比较成熟且形成了相关经验。

3. 发展经验

学校积极推进 STEAM 教育，在 STEAM 空间建设、校本课程开发、教师培训等方面取得了较好成效。

（1）积极推进学校人工智能教师培训

学校成立了由校长、教学主任、信息主任及各学科教研组长共同组成的"STEAM 教育辅导小组"，统筹学校人工智能课程教学计划、开课实施、教研交流等活动。学校建立健全创新教育管理制度及常态化应用保障机制，并将此工作纳入教师绩效考核。学校长期与校外专业人工智能、机器人机构交流合作，聘请具有专业资质的教师开展机器人、创客等社团，加强学校教师的专业学习。学校大力支持教师"走出去"，积极参加各级创客教师培训活动，曾到徐州、兰州等地参加乐高、创客等省级、国家级培训。教师每学期指导机器人、创客社团学生参加各级各类竞赛活动，斩获多次国家级、省市级奖项，并屡次获得省级竞赛优秀指导教师奖。

（2）积极推进 STEAM 空间建设

学校建设了约 300 平方米的"STEAM 众创空间"，包括计算机教室、机器人教室、创客教室、活动交流中心、手工工作坊、科学教室等，能够同时满足 200 多名学生开展创新教育活动。科创中心配有 90 多台计算机和 36 台平板电脑，机器人教室配备了十几种不同类型的人工智能教学所需的软件、器材，创客教室配备了 2 台激光切割机、3 台 3D 打印机、21 台木工铣床和若干耗材、40 支 3D 打印笔等，完全能够满足学校开设普及课和竞赛培训需求。

（3）注重校本课程研发

学校在开齐开足规定课程的同时，注重校本课程的研发与实施，大力推行学科整合教育，不同年级的学生在"众创空间"参与"晓庄立交 ABC""彦彦学豆 ABC"等跨学科课例，围绕身边的城北晓庄立交，分别从美术、科学、数学、信息等学科视角，或探寻桥梁的设计之美，或研究桥面承重设计，或思考桥梁的使用价值。学科整合课程获得了专家们的一致好评。学校将 STEAM 教学活动作为一门个性化兼具普及性的校本课程进行落实。每周至少有 260 名（近全校总数四分之一）学生能上一节相关课程。

（4）以赛促学、以赛代练

学校每学期都会组织学生参加各级各类人工智能竞赛，曾在栖霞区和南京市青少年机器人竞赛、江苏省金钥匙人工智能竞赛、全国中小学信息技术创新与实践活动、历届中英 STEAM 创新大赛等人工智能竞赛中获得优秀组织单位奖。2018 年学校学生赴加拿大参加 ORC 比赛获得金奖，2020 年赴佛山参加世界机器人大赛总决赛获得全国二等奖和工程笔记单项奖。2017 年至今，学校获得 13 次优秀组织单位奖，学生数百人次获得市级以上奖项。学校每年开展科技节活动，展示机器人、创客社团的最新作品，并鼓励全校学生都参与活动，制作科创作品进行评比展示。

（5）积极进行课题申报

学校的教科研引领学校内涵发展，从"十三五"到"十四五"，共申报 2 个省级规划课题、3 个市级规划课题、4 个区级课题、25 个个人课题。其中，信息组承担的市级规划课题"网络背景下校本社团课程的二次开发与设计研究"已经进入结题阶段，人工智能教育成为学校省级劳动教育规划课题的重要组成部分。这些课题的研究都为 STEAM 教育的科学发展打下坚实基础。

4. 进一步发展方向与关键问题

学校虽然长期与校外企业、机构合作，但是外聘社团教师大部分以机器人、编程课程为主要教学内容，难以开展学科融合课例。因此，学校在未来开展 STEAM 教育的过程中，将更重视建设本校教师团队，注重培养学生动手能力与解决问题能力，整合知识内容，开发校本课程，推进跨学科融合课程的研究，构建适合师生发展的 STEAM 教育体系。

8.3 互联网支持的教学模式变革

8.3.1 大数据支持下的个性化精准教学

南京市东屏中学是一所农村初中，信息化建设方面起步较晚，但从十年前的电子白板，到五年前的多媒体一体机，学校教师的教学模式也在逐渐发生改变。学校与学科网、菁优网等进行了合作，教学资源越来越充足。2021 年，学校与科大讯飞合作，引进了智学网个性化教学服务，在个性化教学方面做了深入实践，实现了教学资源由薄到厚，再由厚到薄的蜕变，真正实现了精准教学，减轻了学生负担，也完美契合"双减"精神。

1. 发展历程

（1）探索期

学校推进个性化教学服务，即精准教学，希望利用个性化教学实现精心备课、精选习题、精准分析、精准辅导。确定方案后，学校邀请科大讯飞的技术人员和区技装办一起为学校管理层和教研组长进行了专业培训，指导学校管理层利用智学网进行教学管理和监测，指导教研组长利用智学网进行备课、选题、制卡、作业批阅，以及后期的试卷分析、试卷讲评、班级学情分析、学生学情分析、错题本的制作和学生个性化辅导。随后学校组织所有教师再次进行培训、实操，让所有教师都熟悉个性化教学服务的操作流程。

（2）完善期

2021 年 9 月开学后，学校首先从初三的数学、物理、化学、英语四门学科开始利用智学网进行个性化教学。智学网贯穿教学过程的全流程，从教师的备课到课堂作业、课后作业的选择以及作业批改、讲评和课后的辅导等。经过反复实践，教师熟悉了个性化教学的各项流程，积累了一套精准教学的资料，形成了完善的校本资源库；学生在精准教学的模式下，真正实现了减负增质，完美契合国家提出的"双减"政策。

（3）推广期

经过一年的实践，学校教学成果突出，屡次获得上级教育部门的表扬和奖励，学校决定2022 年继续推进个性化精准教学，从开始的初三的数学、物理、化学、英语四门学科逐渐推广到三个年级各中考学科。

2. 发展现状

学校的个性化精准教学从 2021 年 8 月开始实施，目前有一年半的时间，在实施精准化教学的过程中，逐渐形成"三备三磨"的备课模式（见图 8-6），力求精准，致力"双减"。

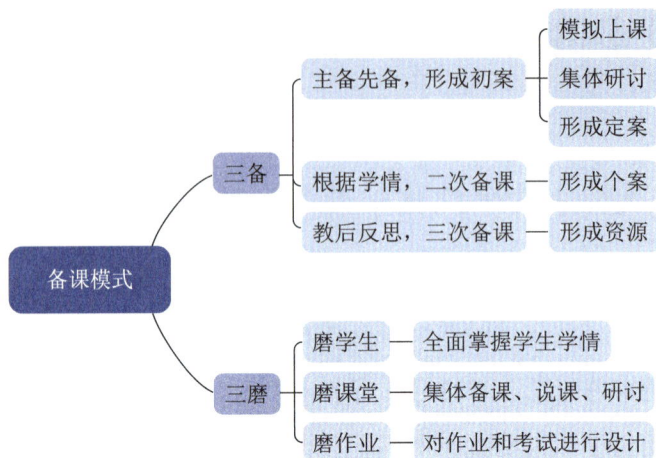

图 8-6　学校"三备三磨"的备课模式

（1）三备

学校为了实施个性化的精准教学，在备课方式上采用了"三备"的模式。首先，组内分工，主备先备，形成初案，模拟上课，集体研讨，形成定案。在备课组长的领导下，组内精心制订教学计划，明确每周备课负责人（主备人）的牵头任务。主备人对所承担的备课内容精心研究，在集体研讨之前拟定好备课初稿（含授课的教学案或教案、课件和作业或测试卷）。集体备课活动先由各年级主备人就自己所备初案在组内进行无生课堂模拟和解读。待主备人模拟和解读完毕后，其他成员围绕"四讲"，进行集体研讨；对作业设计围绕限时、分层、内容与课标考纲吻合度、如何反馈等角度展开研讨。主备人随时做好记录并在整理研讨建议和改进方案的基础上对初案进行改进和完善，形成规范的教学案、教案、课件和作业设计的定稿供全组使用。

其次，根据学情，二次备课，形成个案。基于学情的二次备课主要是体现教师的个性化教学，备课组成员在主备人提供的定稿基础上，根据自己的教学风格、带班的学生情况以及自己对教材的独特处理等方面，在定稿的空白处作调整补改，形成自己的课堂教学实施方案。

最后，教后反思，三次备课，形成资源。在教学结束后写出教学反思，捕捉教学中最深刻、最难忘的亮点或不足进行反思，其目的一是捕捉和感悟，二是吸取和改进。在此基础上再次对教学案、教案、课件和作业设计等进行修改完善，形成校本备课资源。

（2）三磨

学校在磨课上也采用了"三磨"的模式。第一，"磨学生"。磨学生即备学情，是指在集体备课时要全面准确把握学情，包括学生现有的学习基础、学习习惯、学习能力，甚至还包括学生的兴趣爱好、家庭环境、年龄特点、心理特点等。教师根据不同班级不同的风格选择比较适宜的教学法，以课堂导入为例，沉稳型班级最好采用游戏法导入，活跃课堂，展示精彩；活跃型班级可以采用故事法导入，带入佳境，引发思考等。

第二，"磨课堂"。备课组根据教学计划利用集体备课时间对下一周某一节课或某几个教学重难点进行研讨，由主备人积极准备，既可以通过说课的方式表述教学设计思路，也可以进行无生课堂模拟上课，其他组员积极讨论，形成本节课基本统一的教学模式。

第三，"磨作业"。评价包括作业和考试。打磨作业是根据教学计划和任务分工，利用集体备课对下一周的限时作业进行讨论，主备人展示自己提前做过一遍的随堂和课后限时作业，并说明选这些题目的理由，其他组员根据学情集体探讨限时作业的质和量，对学生完成作业的时间进行较为准确的预估，最终定稿。打磨考试是对课堂作业和限时作业的精心设计，利用智学网大数据收集学生错误数据，为后期归纳总结服务。在大数据支持的备课模式下，学校形成了一套完整的校本资源。教师的大量付出收获的是学生的减负增质，课堂目标更加精准，学生的作业更加精准，学生的问题更加清晰，个性化辅导更加精准，学生的知识体系也就更加完善，学生学得越来越轻松，也就乐学爱学。基于此，学校在近两年的中考中一直居于全区前列，得到了上级教育部门的一致好评。

3. 发展经验

学校积极推进大数据支持下的个性化精准教学，在作业分层设计、个性化辅导方面形成了一定经验。

（1）进行作业分层设计

学校个性化精准教学的实施，促进了学校师生的发展。学校教师在教学各环节注重学生的普遍性、差异性。在备课时，根据课程标准和考试大纲，准备好授课的教学案、课件、作业和测试卷，精心选择课堂作业和课后作业，并进行分层设计和布置。

（2）个性化地评价与辅导

课后作业和试卷批阅后，教师通过智学网自动形成测验统计分析报告，进行针对性的作业分析和讲评，在课堂上集中讲评班级共性问题，通过小组合作学习方式进行讨论或者教师对学生进行个性化辅导解决学生的个性化问题，帮助学生形成错题本，学生可以根据自己的问题进行个性化矫正训练。在多次的作业和训练后，形成班级和每位学生的学情分析，教师根据班级学情在后期的备课中进行调整，重点关注学生知识体系的缺漏点，对学生进行针对性的个别化指导，便于学生进行自我纠错和查漏补缺。教师通过智学网，做到精选习题、精讲作业、精准纠错、精准辅导，极大地提高了课堂效率。

4. 进一步发展方向与关键问题

学校智学网的个性化精准教学主要在数理化学科使用较好，学校后期将针对所有学科进行个性化精准教学，特别是语文学科，探索适合语文学科的大数据支持下的精准教学。未来，学校将为学生设置账号，帮助学生更好地实现自我分析，针对薄弱知识点进行自我梳理和矫正训练，构建较完整的知识体系。

8.3.2 智慧浦外"新校园"赋能教与学方式变革

南京江北新区浦口外国语学校作为南京市数字化校园示范校，以互联网促进学习方式变革来实现区域教育均衡发展，成立了责任小组，统筹教学、科研、师训、德育等相关负责人的领导小组，职责分明，齐抓共管。在校园基础设施完备的基础上，学校积极探索"幸福成长"课堂与智慧浦外"新校园"，以实现对教与学方式变革的赋能。

1. 发展历程

自 2016 年起，学校持续探索教育教学新模式，首先开设了机器人课程，通过创新的课程模式逐步发展为人工智能课程，实现了从传统的"一对多"教学逐渐转向新型的"多对多"同伴式教学模式。此外，学校人工智能教育培训基地面向全校师生，将"学"与"研"结合的教育模式融入智能教学课堂，引导学生提出问题并解决问题，借助科技，在解决问题中学习知识，以现实情境启发思考，亲身体验探寻答案。着眼未来，人工智能教学模式将帮助学生接受高质量教育，学校、教师、学生、科技企业将携手共进，助力教育方式的变革。

2. 发展现状

学校始终注重信息化环境建设，遵循顶层设计、分步实施、螺旋上升的原则，逐步营造一个从注重教师课堂展示的教学空间走向师生互动的智慧教学空间，实现以学习者为中心的时空融合"新校园"。

（1）顶层设计，空间融合，营造幸福成长的"新校园"

学校同步开展智慧浦外"新校园"的建设与应用，覆盖学校"教学""学习""管理""评价"和"监测"五大管理全场景（见图 8-7），实现了校园教育教学管理和师生生活的智能化场景全覆盖，依托数据中心，实现各应用间的彼此融合，为校园教育信息化可持续发展奠定基础。其中，"新校园"的"新"主要体现在五个方面：一是研究载体新，基于智慧教学系统与网络学习空间，开展"互联网＋教育"的探索与实践，用数据驱动教学变革，实现研究载体的创新；二是教研方式新，探索基于数据分析的教研与教学改进模型，从传统的"经验主义"向"数据主义"转变，提升教师数据素养的同时创新教研方式；三是教学方式新，在线下课堂基于智慧教学系统开展"三学"教学模式的实践研究，即"课前问学、课中研学与课后评学"有效衔接；四是学习方式新，融合网络学习空间与实体学习空间，实现泛在学习；五是评价方式新，将多元评价与智能评价相结合，促进学生全面发展。

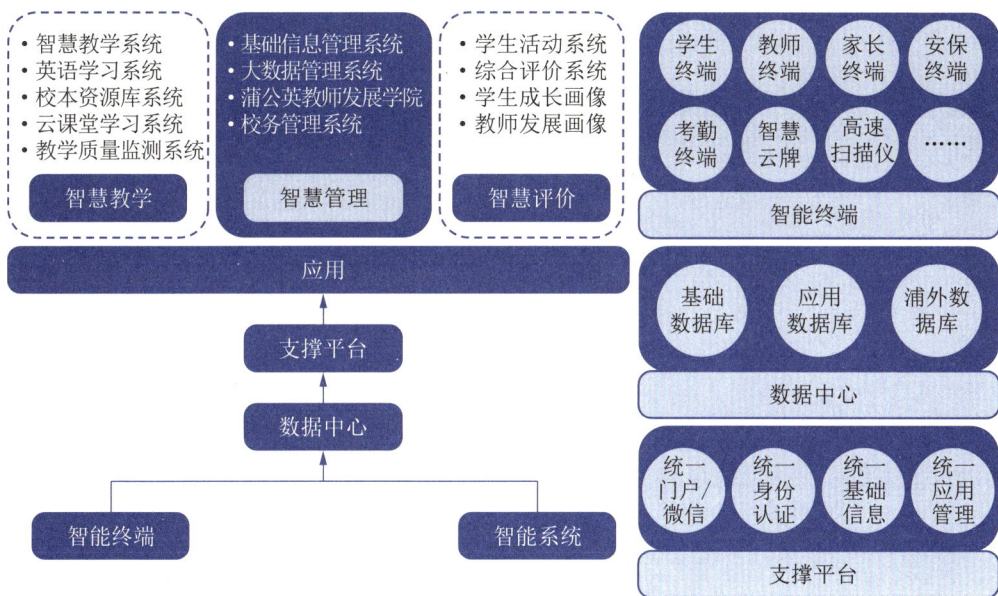

图 8-7 智慧浦外"新校园"

（2）数据驱动，双线融合，创新"幸福成长"课堂

智慧"新校园"的顺利推进需多部门之间的高效协同。学校以"虚实融合、数据驱动、幸福成长"理念为指引，为实现教育教学管理走向精准、走向科学、走向个性、走向高效的目标开展了一系列的教育教学改革实践，形成了具有浦外特色的智慧校园建设模式和应用实例。在"双减"的教育大背景下，学校依托网络学习空间，双线融合，基于智慧教育系统开展"三学"模式的实践研究，以数据驱动实现"教、学、测、评、辅"一体化精准教学切实做到减负增效，提升师生幸福感，打造有生命力的"幸福成长"课堂。

（3）多元发展，学评融合，绘制师生"幸福成长"画像

依托"智慧浦外"，学校结合各系统数据形成教师发展与学生成长画像，建设师生个人成长数字档案，在确保信息安全的前提下，以学校教育教学管理指标库，动态评价师生个人成长，在给出建议的同时，起到保护师生隐私的作用，具体作用可从教师和学生两个层面上来看。

教师发展有方向。学校定制开发"蒲公英教师发展学院"培训系统，开设菜单式培训、幸福微讲坛等课程模块，教师自主选择学习，提交作业经审核后获得相应校本培训学时。跟踪教师发展轨迹，从个人情况、教育教学、科研能力、学科竞赛、指导学生五个维度监管，对教师进行差异化、针对性成长指导，有效促进教师专业成长。同时，学校运用智能研修平台（见图8-8），开展"五级教师"评选活动，评委教师可以在规定时间内，在不影响常态教学的情况下，在线上完成评审工作，同时在平台留痕。"五级教师"发挥不同作用："新秀教师""种子教

图 8-8 浦外智能研修平台

师"上传优质课资源;"骨干教师"运用智能研修平台组织大规模在线教研活动;"首席教师"推送"名师课堂专递"资源;"卓越教师"开展"名师课堂教研"。

学生成长有过程。浦外的每一位学子,学期结束时不仅有全南京市统一的纸质《我的成长足迹》(初中生素质发展记录册),还有个性化的电子"个人成长档案",涵盖活动、学习、健康、荣誉等过程性资料,每学期生成一份"个人成长档案",逐渐积累,形成成长记录。通过对学生个人信息、成长记录和综合评价的科学分析,突出学生成长的增值性评价,形成学生个人画像,支持一键式导出,可记录和回顾学生"幸福成长"全过程。数据来源于平时学校各部门组织的活动,采用线上提交的方式,只是将原来提交"班主任"变成提交"系统",同时自己可查看、可追溯,还能服务综合评价。

为了提升学生的核心素养,使学生获得成长的内驱力和幸福感,鼓励学生积极参与各类活动,学校采取线上的方式将活动延伸到课外,通过"学生活动"系统,学生、家长可以在平台上传自己的作品资料,引导学生记录学习过程,丰富过程性评价。譬如,学校开展"云上艺术节""创新教育活动""幸福小使者"等活动,学生通过平台提交音视频,评委通过线上评比评出相应的等级。云端的鼓励也能帮助学生拥有个人价值感、成就感、认同感。

(4)智能应用,学创融合,奠基终身"幸福成长"

在人工智能逐步推动传统教学改革创新、促进教育过程不断优化的背景下,学校聚焦核心素养,开展中小学人工智能教育研究,探索中小学人工智能课程的教学模式,提升学生学习力与创新能力,为学生未来的持续性创新打基础,帮助学生成为能适应未来变化的终身学习者。学校以人工智能实验室为依托,开设人工智能普及课程,统筹安排"畅言智 AI"人工智能教学平台、虚拟机器人、《幸福快车》校本课程,将人工智能普及课程覆盖全学段。同时,学校将人工智能教育与学习融为一体,以项目学习方式推进人工智能产品创造,培养适应智能社会发展的浦外学子。

3. 发展经验

学校在"新校园"的建设下,推动了学校的智慧教与学,在课堂教学层面、教研层面和学生发展层面形成了一定经验。

（1）课堂层面：探索"三学"教学模式，有效落实双减政策

学校基于智慧教学系统探索了"问学""研学"和"固学"的"三学"教学模式（见图8-9）。"问学"模式中，学生须拿出"问学单"，对即将学习的课程进行预习，仔细对照"问学单"上的任务进行圈画，重点、疑问都在"问学单"上一目了然。预习过程中通过"问学"牵引出的问题，将在课堂上以"研学"模式解决。学生的参与是"研学"关键，让学生真正参与进来，激发学生的学习动机和探究热情。"当堂清、节节清"的"固学"模式已成为浦口外国语学校巩固复习的固定模式，这得益于"固学单"的设计及实施。学校的智慧教学有效顺应了"双减"的要求，有两点很关键：一是课堂数据支持精准补偿训练。课堂上用智慧卡答题，采集当堂学情数据，定位高频错题，设计针对性的补偿性练习，避免布置重复作业，提高作业有效性。二是课后作业支持精准备课。课后分析学生作业数据，设计分层作业，同时服务于备课，实现精准施教。

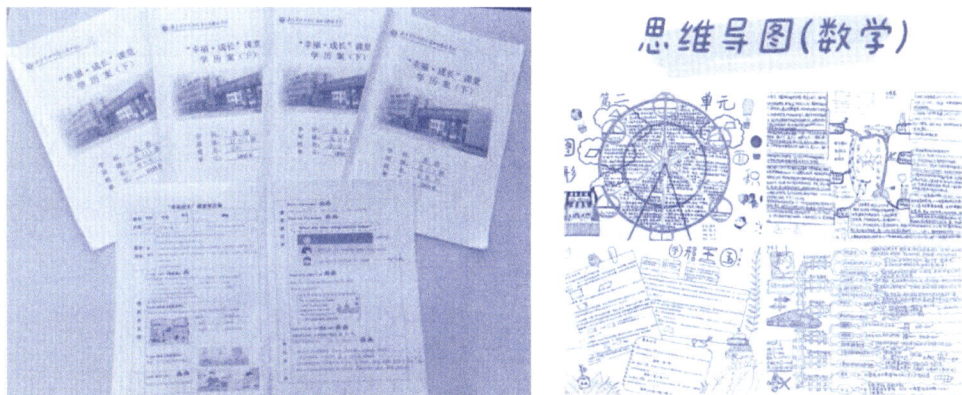

图8-9 "三学"教学成果

（2）教研层面：依托数据分析系统，探寻智慧教研路径

针对全年级组学生薄弱题型、考后指导年级组教师进行个性化与针对性提优辅差等问题，学校以年级组为单位，依托学情数据分析系统，凭借科学数据分析模型，以问题为导向，持续探索学科教研及教学改进的智慧路径。年级组设计统一作业，运用学情系统采集并批阅，教研活动时组长依据年级整体数据分析，提出教学设计及学案设计的优化方案，同时设计薄弱知识点的变式练习，全面巩固提高，有效提升教研效果。教师查看班级数据分析，重点分析学情及错因，反思改进下一阶段教学。在此过程中，教师形成了一定的数据意识和数据分析能力，从而可以进行更深入的教学分析与研究，促进师生个性成长、共同进步（见图8-10）。

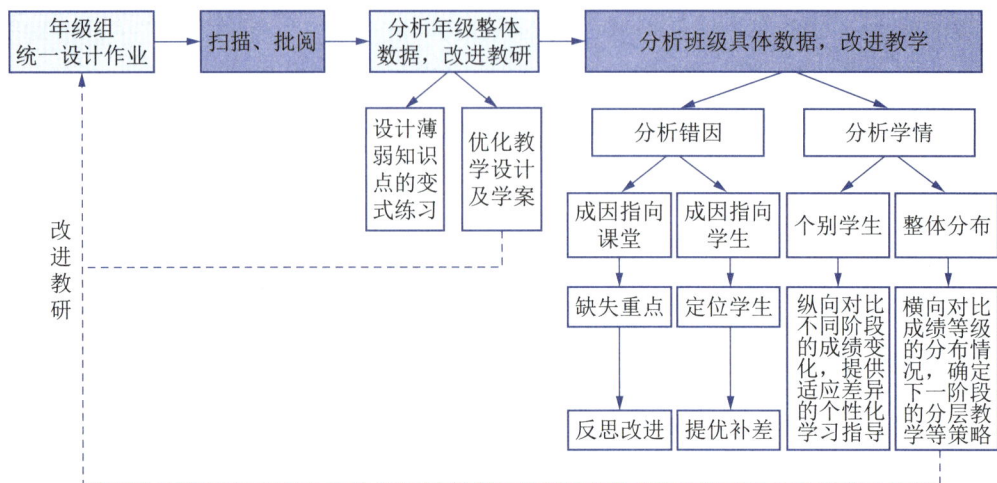

图 8-10　基于数据分析的教学改进

（3）学生层面：设计特色校本作业，兼顾共性与个性问题

面向校本资源的开发，学校专门成立了核心组，组织专人挑选符合学校学情的高品质习题，建设校本专属题库，精心设计讲学案（课堂练习）和作业单（课后作业），设计符合学生的校本作业。此外，学生的所有错题都由资料库存档。数据采集完成后，一方面，后台会生成本次作业的学情报告，报告中包括每道题目的得分率、每道题目出错的学生名单、本次作业的学情层次分布情况等数据；另一方面，作业上的所有错题会自动进入班级错题集和学生个性化错题集。在数据驱动之下，学校校本作业的实施为"新校园"赋能教与学方式变革提供了诸多支持，可以形成这些发展经验：第一，针对共性错题，组卷再练。借助班级易错题集，教师在单元复习阶段改编错题再组卷给学生练习，有针对性地进行复习。第二，应用常态作业数据做"分层教学设计"。新授课前，教师通过"课前问学"得出数据进行分析，精准定位班级学生层次，制订精准"课中研学"的教学方案。在大概念统摄下，分层设问，促进不同层次的学生思考，让每一位学生的学习在课堂上真正发生。第三，常态作业数据应用之"精准个辅"。根据"课后评学"的数据统计，教师精准分析每一位学生的薄弱知识点，进行精准的常态化个性化辅导。与"传统个辅"相比，"精准个辅"将节省教师大量的时间，为学生、教师减负。第四，应用常态作业数据做"优化校本学案"。组内每一位教师分工协作，优化校本学案，采取"谁主备—谁修订—谁示范"的基本原则，不断更新迭代，为"高效作业"提供基本保障。

4. 进一步发展方向与关键问题

未来学校将进一步深挖符合学校实际、区域特点、时代特色的项目主题，更好地融合学科知识，依托智慧学习空间，积极开展人工智能教育的实践与探索，尝试专项学科发展与学科融合双轨并行。同时，积极强化学生的实践动手能力、合作能力、创新能力的培养，进一步丰富智慧浦外"新校园"内涵，丰富课程资源并创新课程形式，让更多的教师、家长充分发挥自身特长参与进来，培育出具有"幸福"特质、具备终身学习能力的学生。

8.3.3 大数据精准支持，新样态导航成长

党的二十大报告指出要大力推进教育新型基础设施建设，构建数据驱动的教育治理新模式，深化国家智慧教育公共服务平台建设和应用，服务教育教学模式变革与创新。南京玄武外国语学校附属小学在教育主管部门的大力支持下，先后引入智慧课堂、大数据精准教学系统、个性化学习手册等教育信息化应用。学校借助信息化导航学生成长，"走"出了提升学生课堂效率的减负增效之路。

1. 发展历程

（1）问题聚焦——借助"大数据精准支持"，实现减负增效

针对信息技术与教育教学深度融合过程中的困境，如缺乏科学有效的减负增效和素养提升的有效落实路径，南京玄武外国语学校附属小学希望通过"大数据精准支持"项目的实践研究，探索出突破困境、导航学生成长的可行路径。

（2）方案谋划——打造"会学"评价体系，科学应用数据

2016年，学校结合学生发展的趋势首创教育数字化评价——"会学"课堂评价，从"我会听、我会想、我会说、我会做"这四个成长维度（见图8-11）对学生进行全员化、全过程、全方面的数据采集，将课堂评价落实到每一天的每一节课中，用数据的收集、记录与分析呈现学生发展轨迹，从数据驱动的视角对学生课堂学习行为进行评价，为学生未来的成长赋能。同时，结合2022年课程标准中对学生素养的提升要求，进一步丰富"会学"课堂评价系统，从不同角度去研究分析学生在课堂中的学习参与、学习表现和学习过程，借助教育大数据，帮助学生在提升个人能力的同时养成良好的学习习惯，实现"数据"支持学习、"评价"导航成长的目标，以此促进学生终身素养的发展。

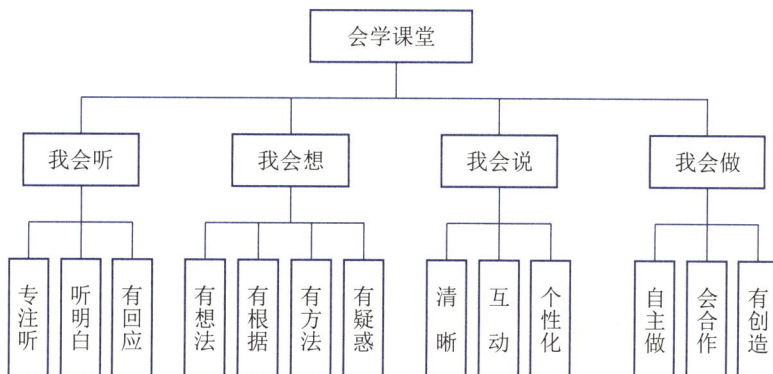

图 8-11 "会学"课堂评价的四个维度

2. 发展现状

经过不懈探索，南京玄武外国语学校附属小学借助"会学"课堂评价，在使用数字化技术记录学生课堂表现、助力学生成长方面取得了一定成效。

（1）数据导航，精准定位

学校用数据记录学生六年的成长，"会学"课堂的评价数据精准呈现学生的优势与不足，明确了未来的发展路径与努力方向，为学校教育教学工作指明了方向，真正做到减负提质增效，从而推动教育教学质量的整体提升。

（2）数据赋能，提升素养

学校以大数据为契机推动小学教师专业发展，积极推进数据赋能课堂变革的项目研究，加强教师学习课堂教学大数据分析背后的原理性以及规律性知识，实现课堂教学方式的变革，也为更好地开展教学奠定坚实基础。

（3）数智作业，精准助学

为更好地衡量减负情况，以数据为核心要素撬动作业改革，学校学生作业实现"智慧运转"。学校针对使用高质量作业之前的作业情况开展了教师问卷调研，了解学校之前的作业量、作业时长、作业难度、作业减负等情况，与使用高质量作业之后的情况进行对比，详细了解学校的作业减负情况。借助数字赋能的新型作业模式，让学生结合自身需求进行针对性练习，减少重复做题、无效刷题，帮助学生作业和教师教学减负提质，优化教师参与的数字资源共享、共建、共用机制。

3. 发展经验

"会学"评价系统让评价从经验型变为数据支撑型，改革学习方式和师生交流方式，促进了会学新样态的形成，让"会听、会想、会说、会做"真正落实，每个学生都处在积极的学习状态，学习意愿得到加强，学习成绩不断提高。在使用"会学"评价系统的过程中，学校取得了一定成效，也形成了一定发展经验。

（1）有效支持评价改革

学校积极进行评价改革主要体现在以下三方面：一是紧扣课标，实现转变。学校的"会学"课堂评价系统注重评价目标与教学目标的一致性，教学和评价围绕学生学习这一中心展开，以此关注学生课程内容学习的连续性和进阶性。二是终极性评价转向过程性评价。学校首创的"会学"课堂评价系统中的"会听、会说、会想、会做"既关注学习的结果，又侧重于过程性评价。与以往只注重智商的评价相比，"会学"课堂评价系统更多地关注每一个孩子的课堂表现力，为学生未来的成长提供了无限可能性。三是丰富评价体系。在数字化赋能教育中，学校致力于建立一个更加丰富多维的评价体系来评估学生的知识水平和能力发展情况。例如，采用多种形式的数据收集手段来获取学生的信息，包括在线测验、作业评分、实验数据等。这些数据通过机器学习算法进行分析和处理，从而得到更准确的结果。

（2）数据支撑提升质效

一是优化大数据支持下的"会学"课堂评价系统平台，提炼系统评价平台数据的积累支持工具的开发原则与应用策略。学校深度挖掘评价系统平台的大数据，获取数据及数据的关联性，完善评价结果的运用策略，关注学生课堂学习过程，探寻促进学生学力提升的成长途径。二是大数据支持下促进学生自身素养发展。学校建构"会学"课堂评价系统评价标准，完善"会学"课堂学习行为评价的实施途径。改进基于移动端技术支持的课堂评价系统，规范课堂评价系统的评价标准，通过分析人的发展全面性和独特性之间的关系，研究师生借助"微校+"平台进行"会学"课堂评价的方式与途径，构建有"统"有"分"的评价标准，科学收集数据，研究数据的真实效度，对"会学"课堂表现性评价指标进行认证，确保在基于大数据支持下的"会学"课堂上学生自身独特素养得到发展，同时还将"会学"课堂评价的各学科评价数据图表附于学生每学年的素质报告书上（见图8-12、8-13），在社会上引起强烈反响。

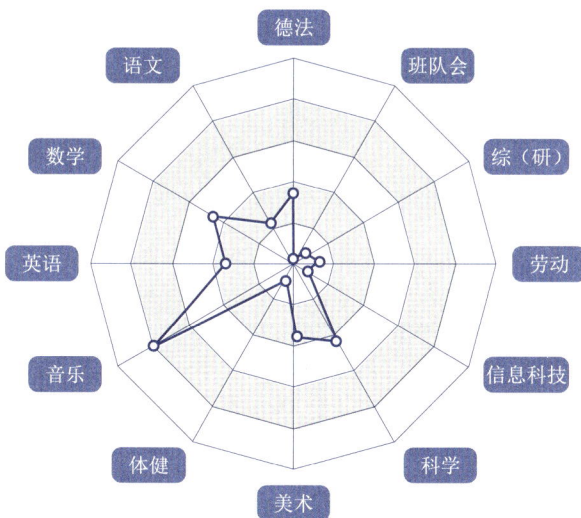

图 8-12　素质报告书上的各学科得星评价

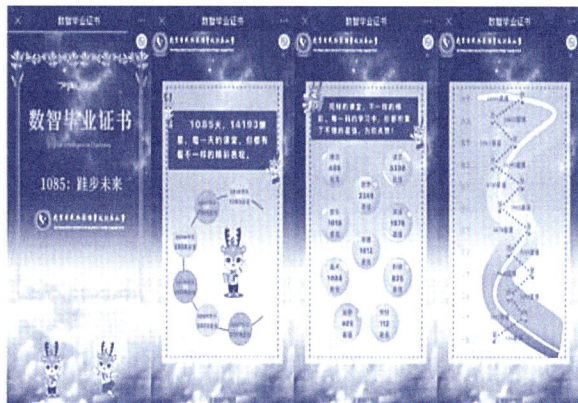

图 8-13　"数智毕业证书"部分界面

（3）激励措施点燃热情

学校通过"会学"评价系统中的激励措施，激发学生学习热情和创造力。在"会学"评价系统中，学生的课堂表现可以获得对应"会听""会想""会说""会做"的积分，积分可以在商城兑换学生个人"玄小鹿"的空间装扮，各类积分分别对应了"玄小鹿"的成长值，通过"玄小鹿"空间的构建（见图8-14），积分换算成小草、水、阳光、空气等能量值，促成虚拟空间小鹿生长，激励学生参与热情。学校还以《"五彩路"学生成长手册》为依托，融合"元宇宙"

概念，将"一手规范好字""一项拿手才艺""一类健康运动""一生乐于探究""一路精彩阅读"作为学生的五大培育目标（见图 8-15），基于校内外学生参与的各类实践活动创设五大虚拟情境，让学生在为"玄小鹿"赋能的过程中，获得"玩中学、学中研、研中思、思中行、行中进"的成长体验，让每一位学生拥有属于自己的独特的"成长"之路。

图 8-14 "玄小鹿"发展框架　　　　图 8-15 "会学"评价系统部分界面

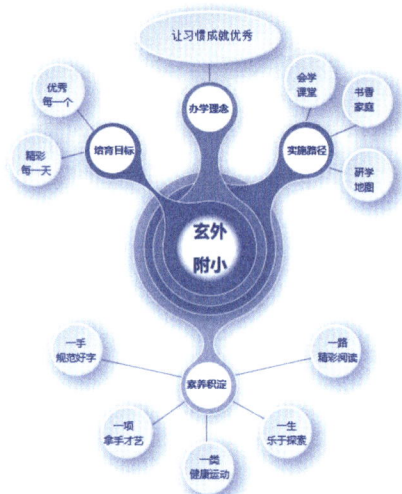

4. 进一步发展方向与关键问题

学校一直致力于构建"会学"评价体系，未来将不断改进和完善，加强数字化技术支持的学习评价，抓住教师这个关键，培养高质量教育人才，实现教育的高质量发展。

8.3.4 "教学＋智能"——构筑全学科智慧育人新生态

南京市科利华中学以"基于课堂、应用驱动、注重创新、精准测评"为原则组织各学科组开展"教学＋智能"项目，各学科组围绕学科育人中的难点和痛点，借技术之力把教学痛点和难点转化为学科发展的增长点、着力点与创新点。目前已开展为期三年的"教学＋智能"项目，形成了跨学科的信息化研究团队，助推学科组形成有一定影响力的学科特色，构筑全学科智慧育人的新生态。其中体育组的"教学＋智能"项目助力学校获评南京市首批初中体育后备人才示范校；信息组项目助力学校获评中央电化教育馆中小学人工智能教育培训基地等。

1. 发展历程

学校项目的发展主要经历探索期、实践期和稳定期。在探索期，学校积极响应政策文件，在各学科组启动"教学＋智能"项目，充分调动和挖掘学科组力量，促进信息技术与学科教学的深度融合。在实践期，各学科组围绕学科育人中的难点和痛点，借助信息技术寻找解决策略，自主申报"教学＋智能"项目，实现信息技术与教育教学融合创新。学校的12个学科组主动申报"教学＋智能"项目，组建学科教学团队，在各学科展开"教学＋智能"项目实践。在稳定期，学校以"教学＋智能"项目为抓手，初步形成具有一定辐射影响力的学科品牌。

2. 发展现状

目前全校12个学科组均立足学科育人申报了"教学＋智能"项目，目前学校已持续推进开展两轮"教学＋智能"项目，各学科组围绕不同时期的学科需求提出相应的项目。

（1）满足学科需求，推动项目实践

学科应用需求驱动项目诞生，各学科开展两轮实践（见表8-1）。例如，英语组第一轮基于"完善数字资源建设、提高学生写作能力"的需求开展"美文"平台项目，第二轮时基于"促进学生个性化学习，提高学生听说能力"的需求开展"智能听说"项目；信息组第一轮基于"提升全体学生的人工智能素养"的需求开展"开发大班人工智能课程"项目，第二轮时基于"促进学生在人工智能课程中的个性化成长"的需求开展"开发人工智能课程体系"。各学科组围绕"教学＋智能"项目开展了不同的研究主题，包括数字资源库建设、课程建设、新设备的应用研究、依托智学网平台的精准教学研究等，例如历史组的微课制作、地理组的教学资源库建设、生物组的瓶子课程、综合组的数字篆刻课程、信息组的人工智能课程、校园体育运动数据监测手环项目与化学组的数字化创新实验的开发与应用等。

表 8-1　各学科组"教学＋智能"项目

学科	第一轮	第二轮
语文	阅读书库	名著再创作之动画实现
数学	专题性微课	基于 AI 技术的精准教学
英语	美文平台	智能听说项目
物理	错题补偿矫正	智慧实验
化学	数字化实验	数字资源建设、智能实验
生物	瓶子课程	智能实验
地理	数字资源	智慧课堂之个性化学习
体育	智能手环	智慧操场
信息	普及型人工智能课程	人工智能课程体系
心育	心育平台	心育平台迭代
历史	专题性微课	专题性微课
综合	数字篆刻	基于 AI 技术的沉浸式教学

（2）利用技术赋能，助推项目发展

在技术的支持下，各学科组创设了新的教育场景，提升育人质量。各学科组结合学科特点及需求，寻找适切技术，作为项目的推动力。例如，语文组一直推进整本书阅读，线下收集学生作品汇编成册，并在图书馆展示。在"教学＋智能"项目的推动下，语文组主动运用互联网技术，建立科中阅读书库平台，发挥互联网资源共享的特点，收集学生的优秀作品并搭建线上美文共赏"阅读圈"，使整本书阅读从线下搬到线上，每位学生都能便捷得获取信息并分享信息，扩大了阅读参与度，提升了阅读能力。数学组借助人工智能自动批改技术实现学生周末作业、假期作业的自动批改、作业数据统计，为学生推荐个性化变式错题等，提高了作业批改效率，让精准辅导、个性化学习成为可能。各学科组结合学科特点及需求，借力信息技术，寻找高质量育人的解决策略，实现信息技术与教育教学融合创新。

（3）采取行动化学习，提升教师信息素养

教师是推动信息技术与学科融合进程的关键力量。学校在教师培训中采用行动学习促进教师行动的转化与改变，进而有效地提升教师的信息技术应用能力。首先通过示范引领应用，将教师培训、实践与反馈同时进行，培用结合；其次，实践分享应用，通过青年教师基本功竞赛、骨干教师展示活动、微课优课评比等活动展示并考核教师的信息技术应用能力；再次，研讨反馈改进，学校组织研讨活动反思教师的应用成果，为教师的下一步发展指明路径；最后，总结推广应用，学校将教师的成果汇编成册，并为优秀教师搭建平台分享其信息化应用技术及背后的思考以扩展信息化应用的深度和广度。例如，在第一轮"教学＋智能"项目中，多个学科组围绕微课技术申报项目，学校便组织了微课专题培训，并在青年教师基本功竞赛中加入微课评比项目，邀请获奖教师分享经验，同时将教师的作品进行整理汇编。在第二轮"教学＋智能"项目中，多个学科组围绕精准教学申报项目，学校组织数据分析专题培训，并以学科组为单位组织专题研讨，提升教师数字素养。通过示范引领应用、实践分享应用、研讨反馈改进、总结推广应用形成行动化学习的闭环，推动培训从技术走向应用。

（4）采用项目化管理，提高项目运行成效

学校采用项目化管理的方式推动项目的运行。以体育组的智能手环项目为例，在项目推进中，项目建设经历了"项目申报—项目审批—课堂检验—教学研究—项目评价—项目迭代"等环节，使得学生、教师、团队在这个过程中都获得了成长。学生及时了解自身运动数据，并在排行榜的激励下积极参与体育活动，教师基于数据更科学地分析教学、分析学生，从经验走向科学。体育组项目的第一代产品由运动手环、充电箱和校内的蓝牙基站、平板构成，学校定制了 100 个手环，供 2 个班同时开展教学，手环账号与课表绑定，供全年级各班循环使用。教师在课堂上通过平板或操场大屏可以看到每位学生的实时运动数据和心率，在课后通过电脑端的分析平台了解学生个人运动数据详情以及班级、年级的综合运动数据详情，反思课堂运动任务的设计是否科学合理。在体育组集体备课和组级研修中，体育老师轮流进行数据分析和教学反思，让研究成为常态。同时也通过赛课、公开课、讲座等方式加强项目研究，在市区产生了很好的辐射影响。第二轮时，体育组提出了新的项目需求，即建设智慧体育操场，通过智能化的自主运动设备，引导学生科学运动自主运动，丰富学生课后生活。这一需求推动"教学＋智能"项目进入一下个项目化管理周期，目前，操场上两种 AI 智慧屏让体测数据更精准、更多维，AI 智慧体锻屏课上课下已成为学生的专属"AI 教练"，推动学校的体育活动朝着多元化、竞技性的方向不断发展。

3. 发展经验

学校通过打造智慧化的"教学＋智能"项目，引领教研组进行研究和实践，将项目成果应用于常态化教学以提质增效，在解决学科痛难点问题、教师研修与信息化能力提升及形成学科品牌等方面形成了一定经验。

（1）巧用技术提供学习支持，解决学科育人痛难点问题

各学科组针对学科特色、围绕学科需求，为学生提供学习支架，选择适切的技术解决教育教学中的痛难点问题。例如，语文组为方便学生交流读书心得体会，建设了"科中阅读"网上读书分享平台，引导学生从"会读"到"慧读"，其中名著导读、优秀读后感展示、教师分析点评等功能模块受到全校学生的广泛使用；数学组为解决学生对重难点问题的个性化学习建设了主题性系列微课；英语组为了提高学生的听说兴趣和听说能力，建设了基于人工智能技术的智能听说项目；体育组通过智能手环实时了解学生运动数据，即时监测每位同学的运动负荷、身体状况等；信息组开设了人工智能课程，让学生掌握了人工智能相关知识，并利用人工智能技术解决问题。

（2）加强项目教师研修活动，组建跨学科信息化研究团队

学校积极组织各种研修活动，鼓励教师参加相关培训，并组建研究团队以促进"教学＋智能"项目的发展。"教学＋智能"项目以各个学科组为研究团队，其中学科组长担任项目责任人，负责落实并跟进项目执行，学科教师是教学与信息技术融合创新应用的主力，信息中心提供技术支持和保障。学科组和信息中心全面互动，聚焦学科教学问题开展合作教研，形成紧密的研修共同体，推动信息技术与学科教育的融合创新。在团队的努力下，各学科都取得了一定进展，例如，体育组的智能手环已经走进常态课堂，人人能用手环设备上课，人人会做数据分析，体育组内老师多次开设市区讲座及公开课；化学组老师在数字化实验项目中提高了运用传感器创新地设计实验的能力，多次获得省市创新实验奖项；地理组老师建设了创新的数字教学资源，提高了数字资源的收集、整理、制作、应用、分享能力。

（3）辐射"教学＋智能"项目效果，形成具有影响力的学科品牌

各个学科组以"教学＋智能"项目为抓手，初步形成了具有一定辐射影响力的学科品牌。例如，信息组的人工智能普及型课程荣获"中央电化教育馆人工智能与编程教育课程应用示范校"、"2021 年度全国人工智能活动特色单位"称号；体育组荣获"南京市体育后备人才示范校"、"南京市阳光体育学校"称号；化学组荣获南京市学科发展示范中心。多个学科组荣获南京市先进教研组称号。

4. 进一步发展方向与关键问题

未来学校将会持续推进"教学＋智能"项目，探索校园信息化建设的高效路径，在项目的执行理念、动力转向、评价等方面进一步完善，项目理念将由"掌控"转向"促进"，在项目动力上，从"技术"促进转向"需求"促进，在项目参与上，由"个别"转向"全体"，项目推进由"一次性"转向"迭代"，项目评价由"感性"转向"数据研判"，以教育数字化实现师生"智慧发展"，为个性化学习和终身学习开辟全新的赛道和重要的突破口，构筑全学科育人智慧育人新生态。

8.4 互联网支持的教学环境建设

8.4.1 未来教室——智慧学习空间赋能育人变革

南京师范大学附属小学仙鹤门分校自 2015 年建校以来，在信息化建设方面紧跟当代先进信息化方向，重点以学习空间变革的研究与实践为着力点，建设"未来教室"，探索未来学习的新模式，为学生提供合作的学习空间和拓展能力的学习情境。学校被评为南京市智慧校园示范校。未来，学校将依托未来教室的信息技术和学习场景变革，将现代化信息技术与学科深度融合，让学习活动真正发生。

1. 发展历程

从建设试点到基本完成改造，历经"初步探索—逐步完善—推广应用"三个阶段，学校的"未来教室"项目推动了学习空间的变革，为学生提供协作的智慧学习空间，助力提升综合育人的品质。学校在初步探索阶段，以打造智慧化的"未来教室"为目标，对普通教室进行重新布局，在低年级和中年级分别选择一间教室作为"未来教室"的建设及常态化应用试点，灵活调整教学环境、空间布局，实现"未来教室"的开放性和多功能性。在逐步完善阶段，学校以搭建场景化新型学习空间为目标，积极参与"智慧教育"技术装备项目，为"未来教室"的建

设提供充足的配套资金。同时学校积极开展信息化教师专业培训，形成了以信息技术专业人员为核心，年轻教师和骨干教师为主的"未来教室"项目专业团队，将"未来教室"逐渐改造成为场景化的新型学习空间（如图 8-16）。在推广应用阶段，学校主要通过打造体现学校特色的精品课堂，逐步推广应用"未来教室"，核心组教师充分利用课余时间探索未来教室，为校内外教师呈现带有学校特色的"未来教室"精品课堂。

图 8-16　场景化的新型学习空间

2. 发展现状

学校基于"未来教室"进行了以课程融合为核心的"未来教室"系列教学实践活动。学校积极举办"未来教室"相关的研讨活动，充分展示了学习与环境场景的变革、技术与学科的深度

图 8-17　科学和美术融合课"羽毛"

融合。同时，学校基于未来教室进行了跨学科的教学实践，例如在"羽毛"一课的跨学科教学中（见图 8-17），师生围绕大问题"羽毛不只是飞行"展开了对一根羽毛功能、特点的探索和艺术创作，教师借助智慧黑板、多屏互动等多种现代化信息技术，让学生在课堂中对比、归纳，运用所搜集的证据解释自己的观点，引导学生现场创作羽毛胸针；将语文和音乐学科中的内容融合形成"送别"一课，两位教师从李叔同作词的《送别》入手，借助"未来教室"教学平台及"金陵微校"教学场景开展跨学科课堂教学，以大问题方式探讨"别离"所带来的深层情感。

3. 发展经验

经过不断的探索与改进，学校"未来教室"建设取得阶段性的成果，总结其经验如下：

第一，优化学校教育生态。将现代信息技术与传统教室空间融合，打造一个促进学生活动、学习与创造的智慧学习空间，有利于学校教育生态的优化，推动构建师生互动、生生互动的学习新样态。第二，营造育人文化环境。以"互构""共在""共生"为原则，借助信息投屏、VR 等技术建构一个集知识、技能、体验于一体的未来素养空间，将学生置于真实的育人环境中，提升其沉浸式学习体验，为学生打开更多感官刺激的通道，触发学生的真实思考。第三，可视化学生的成长记录。借助多维互动平台，记录学生的学习数据，探索构建多元化的增值评价体系，让学生在学校的成长可视化，助力学生的全面发展。第四，创新学习模式。借助"未来教室"的信息技术和学习场景设置，引导学生达成高兴趣、高创意、高频次、高纬度的学习体验，为课堂打造学习新样态。例如，学校融合课"羽毛"和"送别"，用一个真实的"大问题"将静态的学习内容变成真实的学习活动，让学生能够在空间中探究真实问题。第五，推动教学模式变革。在"未来教室"空间中创设能够达成个人探索、协作交流、实践操作、成果展示、多维互动等功能的"学习场域"，为师生多层次、多类型、多目的学习提供灵活可变的场所，通过不同场景设计赋能更高质量学习。

4. 进一步发展方向与关键问题

未来，学校将在原先的建设基础上，逐步扩大"未来教室"建设的覆盖面，不断总结优秀经验，规划三级教室建设：A 级——未来教室，是核心的互联基地，向四面八方辐射，作为信息资源的入口，将科技与学科互联，突破课堂有限的时空边界，发挥线上与线下融合学习的各项优势，将学生的学习模式升级。B 级——主题教室，定位为素养课堂，聚焦师生的终身发展，共享各项资源，整合多学科内容，基于项目进行学习，为学生的核心素养发展奠定基础。C 级——普通教室，对教室进行场景化改造，重构学习空间，让学生的学习场景从教到学进行转变。

8.4.2　基于"怡阅空间"的智慧校园建设与应用

南京师范大学附属中学新城小学怡康街分校进行了基于"怡阅空间"的智慧校园建设与应

用，建设一系列以数字化基础设施为支撑的智慧阅读系统，建立与国家教育信息化标准相衔接、符合学校实际的信息化智慧阅读的标准体系。建校六年间，先后被评为"南京市科技校园示范校""南京市智慧校园示范校""南京市平安校园"，多次获得"区教育信息宣传先进集体""区信息技术应用先进集体"等荣誉。

1. 发展历程

（1）运筹帷幄期：规划设计、建设方案

学校成立智慧校园建设领导小组，由校长担任组长，指导数字校园建设的总体规划，将智慧化校园建设工作纳入学校年度工作计划，实行目标管理、责任到人。团队成员先后到北京、上海和广州等地的智慧校园示范校参观和学习。基于"怡阅空间"的智慧设想，学校设计了主题式智慧校园创建整体框架（见图 8-18）。

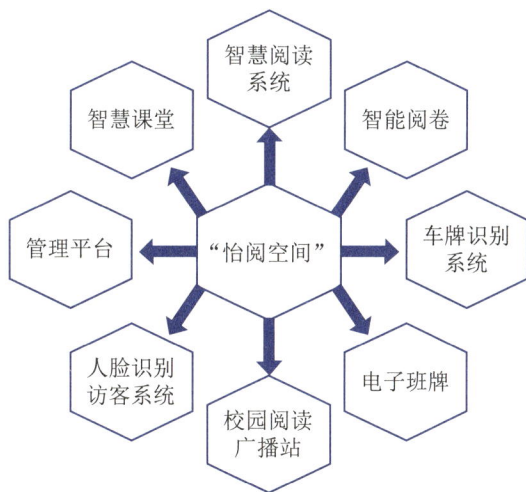

图 8-18　主题式智慧校园创建整体框架

（2）迁思回虑期：团队洽谈、修改对比

为了将智慧阅读系统、广播站系统、人脸识别系统等多个应用系统的数据互通，学校多次与各个系统公司进行交流沟通，推进各应用系统与管理平台的对接与融合，根据学校的实际需要对方案进行反复修改。在施工过程中，智慧校园建设团队到现场对设备安装过程中设备摆放位置、线路走向等问题进行指导，保障设备摆放美观、使用便捷。智慧化设备安装后，学校联系相关技术员为教师和学生开展培训，以求更好地为教师、学生服务。

（3）稳步前进期：调整试用

经过学校团队的精心策划，学校智慧化平台初步形成，所有硬件设施全部到位，构建了联系紧密的、有逻辑的整体，打造了学校特色的"怡阅空间"。从空间上来看，"怡阅空间"智慧校园建设主要包含公共空间和班级空间两部分。公共空间包括：无人看管、自动借还的智慧阅读系统，移动借阅书柜，贴有二维码的流动书屋，基于校园网络的数字广播、电视、会议等应用系统，人脸识别系统，校园访客系统以及停车管理系统等。班级空间包括：班级智能图书角（每班配有借阅扫码枪）、电子班牌（每日轮播或点播学校推荐书目或视频）。智慧校园从空间上最大程度满足学生的"阅读需求"。从活动上来看，"怡阅空间"智慧校园开展线上和线下相结合、校内和校外相结合的阅读任务，让学生可以做到"月读""阅读""悦读"以及"跃读"。"月"读在平时的落实，"阅"读在积累的真实，"悦"读在绽放读书的快乐，最终实现的是学生的真正成长和知识能力的"跨越、飞跃"。

2. 发展现状

学校以"怡阅空间"为主题，结合智慧环境、智慧课堂、智慧课程、智慧管理等方面，让整个校园成为一个巨大的阅读学习空间，让学生可以做到"月读""阅读""悦读"以及"跃读"。

（1）"月读"建设：按"月"推送阅读书目

"月读"即指每月必读，但"读"有章法。学校坚持贯彻每个月每个学生完成课外阅读书目的阅读，并且由家长和学生共同出题，家长们的题目发送给班主任教师，教师们再整理形成一个题库。实施过程中，主要采用"手动"纸质登记的方法操作整理，存在题库无法整理、教师负担较重的问题。由此，学校建设了"综合管理平台"（见图 8-19），改进传统方式，在日常工作中做到智慧管理。学校将区、市多个使用平台，实现系统底层打通和平台接入，实现一站式登录，将学习产生的所有数据全部集中整合在基础平台上。在教、学、管理上也采用以大数据采集和挖掘为特征的一体化综合信息平台，通过统一数据库和统一存储，记录智慧环境中发生的一切，并利用大数据技术对数据进行处理，获得对学校特色阅读项目以及教学的洞察和预测。

图 8-19　综合信息化平台

（2）"阅读"建设：高频高效借"阅"互动

学校打破学生阅读"时间"和"空间"的限制，以图书馆资源和服务为依托，将公共借阅柜、电子阅读、射频技术、计算机网络通信技术、图书馆云平台进行整合，能够与图书馆之间通过网络实现数据实时交互，支持读者自助借书、还书、续借、查询、指纹采集等服务，将整个校园建设成为一个智慧阅读空间。

同时基于学生阅读的需求分析，学校集合智慧图书馆系统、公共借阅柜等设施，帮助学生建立更好的阅读环境。例如24小时无人值守、30秒极速自助借还、图书漂流柜的一体化场景设计等，突破时间与空间的限制；通过二维码建设移动漂流书柜，扫描书柜上的二维码可以查询到不同种类的书籍，增加了校园阅读点，助力打造"怡阅空间"。同时在微信公众平台打通家校伴读。通过云端互通的技术，将图书馆信息与微信公众平台打通，让家长有效参与孩子阅读，增强家校良性互动（见图8-20）。学校在阅读内容上，做到智能化分级阅读，让每个孩子都可以读到适合自己的书（见图8-21），并建设激励化信息共享平台，通过信息发布系统实时查看借阅数据，组织好书排行榜、阅读小明星等活动，帮助学生形成良性阅读风气。

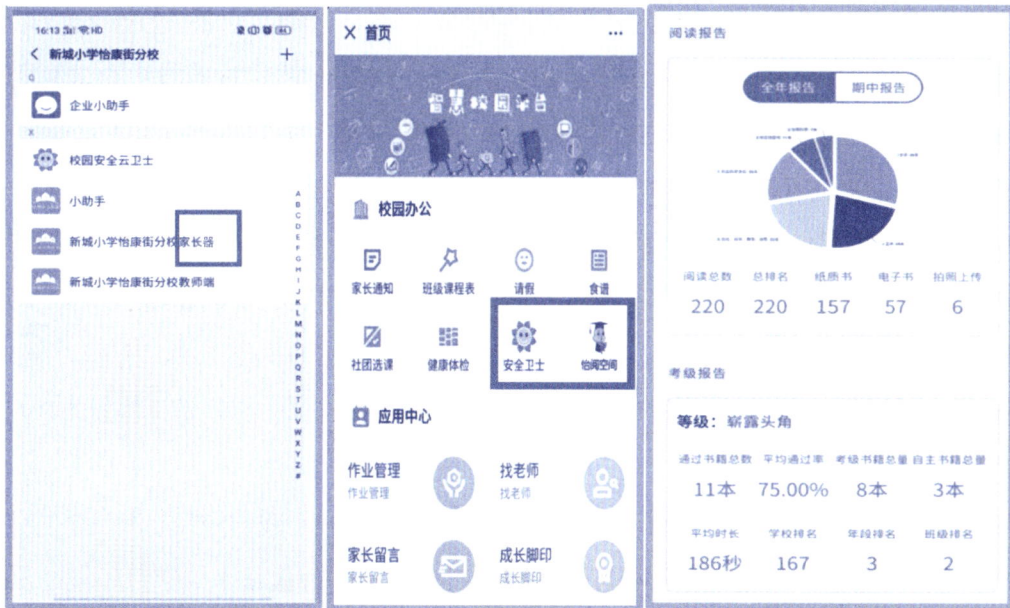

图8-20　微信公众平台家校伴读

（3）"悦读"建设：活动让阅读成为愉"悦"

学校充分利用"怡阅空间"大平台，打造了"悦心瞬间"这一学校亮点，形成了"3+37"的智慧阅读模式，即学生按照学号轮流当值日班长，值日班长在当天的课上进行3分钟阅读展

图 8-21　智能阅读平台

示，形式包括说、演、诵等。每个班级借助拍摄设备进行拍摄，上传至班级群里分享，家长参与评价。一个学期结束后，任课教师可以制作电子手册并进行打印分享。

学校还充分利用"怡阅空间"的信息平台开展丰富多彩的线上线下小活动、小竞赛，如背古诗、讲故事、写汉字等，将学生最拿手的成果展示出来，教师、家长、学生都可以参加评价，每班选出获得好评最多的 3 至 4 名同学的作品参加全校的比赛，决赛视频会分享到微信平台，成为全校师生学习的资源。

（4）"跃读"建设：高平台实现能力飞跃

学校打造以"怡阅空间"为主要特色的智慧校园，旨在办一所以"有根基""有视野""有深度""有实践""有支撑""五位一体"理念为统领的全方位发展的学校，通过落实"月"读，积累"阅"读，快乐"悦"读，最终实现学生的真正成长及其知识能力的"跨越、飞跃"。未来的班级"宣传队"、红领巾广播站、"怡小电视台"、怡阅编辑部，都是学生施展本领的舞台。

3. 发展经验

学校在智慧校园建设中，积极开展了基于"怡阅空间"的实践与应用，"怡阅空间"不仅是一个物理空间的改造，更是一种教学理念的革新，它结合了现代技术与学习环境的优化，提升了学生的阅读兴趣和学习效率。学校通过这一创新举措，形成了独特的经验和成效。

（1）剖析用户需求，深化顶层设计

"智慧校园"的建设是自上而下、纵观全局的，服务对象主要是管理人员、教职工与在校学生，目的是服务于学校的日常管理决策、教学工作与校内生活。因此，学校首先需要调研用户需求，将需求归纳到不同的业务应用系统；坚持以问题为导向，剖析校园环境、数据资源、师生信息素养等方面存在的问题，针对问题逐一进行提升突破，形成学校创新特色，再通过多元化数据采集系统推动教学走向数据驱动，各学科智慧课程随之科学、有序、全面铺开。

（2）协调外部元素，打造高效管理

从实际操作角度看，只有打破数据壁垒，统一账号、统一入口、统一基础信息，避免数据重复采集，才能实现真正意义上的统筹管理。管理者可借助业务数据看板及业务工作台查询过程性数据，帮助科学诊断多种教学与教务管理问题，为各项业务决策提供强有力的数据支持。通过各个应用系统的紧密联结，实现资源共享、信息共享、信息传递和信息服务，保证学生在校园的任何地点、任何时间都有安全保障，并能够进行家校智慧互动。

（3）营造育人文化，助力教师成长

教师和学生是学校的主体。智慧校园建设始终要围绕"以人为本"：让学生更积极且事半功倍地学习，让教师更轻松且因材施教地育人，让家长更放心且有条不紊地配合。例如，通过大数据分析确立学生的知识薄弱点，为每个学生提供对应的薄弱知识点强化方案；借助"刷脸进校"、身份证人脸多重比对留痕，同步考勤信息给家长，最大程度建立学校安全屏障；构建微课、同步练习、试题等资源库，通过在线智能阅卷减少教师重复性劳动；通过智慧校园建设来辅助决策、加强联系，助力学生个性化成长发展。此外，学校不断推进智慧教育研究、实践、推广和应用，在助力教师专业成长方面坚持以训促学、以研促教、以思促行。定期召开智慧教育教学推进会议，邀请市区智慧教育中心领导到校指导，常态化开展智慧教育专题培训。组织各教研组每月开展基于智慧教育的教研活动，各学科定期开展智慧教育专题研讨活动，同研共进，同发展共提升。会后撰写学习体会，课后撰写教学反思，提炼智慧教育教学方法，解决智慧教育教学的问题。

4. 进一步发展方向与关键问题

学校后续将会着重从两个方面入手，第一，跟进教师需求，综合各部门和学科组教师的意见，以某几位教师作为先行者去尝试和探索，让教师从中体会到智慧校园建设带来的好处，从而让学校的信息化项目真正落地。第二，学校将会进一步改进"怡阅空间"平台，将集中精力放在系统的智慧化研发方面，让更多的系统不需要人去值守，使用起来更加方便快捷，真正发挥智慧校园的最大化效能。

8.4.3 "5G 支持下的智慧学习场"的建设与应用

南京理工大学实验小学自建校以来，致力于探索教育信息化的建设与应用，从"数字化学习场"建设，到"智慧学习场"搭建，学校取得了一定成绩。学校先后被评为"南京市数字化示范校""南京市智慧校园示范校"，多次获得"玄武区现代教育技术工作一等奖"。

1. 发展历程

从"小农夫智慧园"到"5G 支持下的智慧学习场",学校经历探索期、完善期、推广期三个阶段。在探索初期,学校结合特色项目"城市小农夫"田园课程,建造了现代技术支持的"小农夫智慧园",在校内开拓与时俱进的学生实践基地,多学科教师数次带领学生走进"小农夫智慧园",开展相关领域的项目化研究。在项目推动下,学校逐步形成了更成熟的"5G 支持下的智慧学习场"建设方案。2022 年 11 月,项目的各方面建设顺利完成,逐步投入使用。

2. 发展现状

目前,学校"5G 支持下的智慧学习场"已建设完成,并初步投入使用,现阶段的发展目标是探索 5G 教育应用新场景、新范式、新课程、新成果,彰显 5G 技术对学习活动和效果的增强优势,形成一个学生乐于参与、教师乐于探索创造的智慧学习场。

（1）建设 5G 支持下的物理空间、虚拟空间

根据方案规划,学校建设了 5G 支持下的实践园。通过检测校内实践园的自然生态环境、维护校内实践园各池塘生态等进一步完善"小农夫智慧园",在实践园内各池塘、室外种植基地有机嵌入现代农业的典型技术。利用 5G 技术和物联网技术对物理空间进行增强设计,支持对土壤、植物、水质等环境数据和生长过程的动态采集与数据分析,建设基于这一新型学习空间的探究学习平台,开发学习 APP,让所有的课程与项目在探究学习平台上运行,记录学习过程,展示学习表现;让所有的物联网数据接入,以便进行数据分析,支持学生的科学探究活动。

（2）开发融合自然空间与教学空间课程

学校科学教师、信息技术教师已在筹备课程开发计划,初步尝试了诸如 STEM 项目、劳动教育、科学探究类的课程（见图 8-22）,让学生走进自然空间探索与学习,让自然空间中的一草一木成为学生学习的内容、体验与探究的对象;让教学从室内走向室外,在更自由、开放的空间中进行更自然且舒适的师生互动。学科教师整合智慧学习场进行学习活动的设计,为学生

图 8-22 "5G 支持下的智慧学习场"新实践课堂展示

创设更舒展、更活泼的学习空间。例如，学校信息科技教师在学校实践园进行课堂展示"跟着AI 游校园"（如图 8-22），学生进行人工智能体验，实现"数字人"导游作品创作和迭代优化，并制作成二维码，完成景观卡的整体设计。课堂上，师生积极互动，教学环节层层递进，呈现了一堂生动的 5G 时代下数字化教育的实践与探索课。

3. 发展经验

学校在"5G 支持下的智慧学习场"的建设与应用中，不仅推动了学校的信息化建设与发展，还积累了丰富的经验。以下是在这一发展历程中形成的关键经验。

（1）加强外部协调与联动

学校在关键时刻抓住发展机会，先后在玄武区教师发展中心、南京市电化教育馆领导的指导下加大信息化应用平台和教育数字资源建设力度，高质量完成数字化校园、智慧校园示范校建设，切实发挥信息技术在教育改革中的作用。在此基础上，学校结合特色课程"城市小农夫"，有效联动移动公司、技术厂家等，在近万平方米的校内实践园进行"5G 支持下的智慧学习场"的建设，扩大学生学习场域，促进教学智慧化，并实现环境全面浸润信息化，以支持学生的泛在学习。

（2）加强教师专业培训与发展

学校根据教师的发展需要，安排各种培训，针对性地帮助教师提升信息化水平。例如，学校组织全体教师参与江苏省信息技术能力提升工程 2.0 项目，日常开展教师教育技术能力提升培训，定期要求各平台技术团队到校开展现场示范讲解，帮助教师有效掌握设备、软件的使用，全力全面带动教师提升有机融合技术与课堂的能力。此外，各学科教师陆续在"5G 支持下的智慧学习场"中进行课程开发，注重从线下学习到混合学习的均衡设计、从室内学习到室外学习的贯穿设计、从已知世界到未知世界的系统设计，让学生在全新的学习空间中更加自在、自主地成长。

4. 进一步发展方向与关键问题

未来学校将充分利用"5G 支持下的智慧学习场"，设计典型的多学科融合式项目化学习方案，同时注重提升教师的跨学科课程设计能力，为学生提供充足的移动学习设备等。

8.4.4 未来教室：场景育人下的校本实践

江宁区未来科技城小学地理位置优越，位于科技园区，科技特色显著。面对教育数字化转型热潮，学校积极响应。在教育主管部门的支持和领导下，构建"未来教室"，创建融合高新硬件、先进教育技术和创新课程设计的新型教育空间，为师生提供了更多元、沉浸式的教学体验，助推教育数字化转型校本行动，实现场景视域下育人方式的变革。

1. 发展历程

学校开展基于未来教室的校本实践主要历经了三个阶段。第一阶段，主要是硬件集成。未来教室的硬件设施是支持数字化教育的重要基础。学校建设了包括交互式白板、智能投影、触控一体小组会议屏、平板电脑、智能点阵笔、虚拟实验室、常态录播系统等硬件的空间，为未来教室的实践提供场域。第二阶段，主要聚焦于技术融合，学校的未来教室整合了人工智能、大数据等多种教育技术，通过技术的有机渗透实现了教学方法、学习方式的转变。第三阶段，主要聚焦基于未来教室的校本课程设计，学校融合各种技术、资源，建设具有校本特色的未来教室课程。

2. 发展现状

学校持续推动未来教室的建设，目前整合了"金陵微校"等多种平台及技术，完善了未来教室的硬件建设，同时在基于未来教室的课程设计上取得了一定进展。

（1）整合多种技术，加强未来教室建设

学校在未来教室建设中整合了多种教育技术，包括"金陵微校"智能教学端、无线互联技术、纸笔交互技术、高清全自动导播跟踪录播系统、新媒体、人工智能、大数据等技术。通过这些技术的有机渗透，未来教室实现了教学方法、学习方式从传统模式到现代模式的飞跃，提高了课堂教学体验，推动了学校教育数字化转型。第一，金陵微校：赋能"慧生长"课堂。学校基于金陵微校"教室端、教师端、学生端"的智能终端应用系统，构建了校本实践中的"慧生长"课堂。在使用过程中全面无感知采集教学全过程数据。同时对现有学校教学设备进行赋能升级，与其他设备进行无缝连接，进而实现"专递课堂""名师课堂""名校网络课堂"三个课堂的建设，促进了学校优质资源的共建共享。第二，无线互联：打造多屏交互的未来教室。学校基于无线互联技术，实现教室端、教师端、学生端的立体交互，打造以学科、资源、课程为核心的多场景、多终端、线上线下交互的未来教室，真正实现可连接、可重构、可兼容和可记录的"多屏交互未来教室"。第三，纸笔交互：深化互动与个性化教学。学校基于纸笔交互技术完成互动过程数据采集，教师针对每位学生的书写过程进行审阅和分析，发现学生的共性错题和难点，及时推送教育资源、调整教学策略。第四，常态录播：优化教室生态与教育资源。学校配备高清全自动导播跟踪录播系统，实现教室内师生视频、音频和计算机动态屏幕内容同步录制、直播，全面记录教学实况，并即时生成多媒体教学课件。同时将录播资源用于教学分析和作为校本资源累积，让学校在日常的工作中更加科学化、现代化、时效化、便捷化。

（2）融合多样化资源，开展基于未来教室的课程设计

学校融合多种资源，进行了基于未来教室的课程设计。首先，学校借助"金陵微校"智能教学系统构建了校本课程设计的框架，嵌入了涵盖中小学不同年级、不同学科的电子课本和同步教辅资源，对标国家教育标准，为学生提供扎实的学科基础。其次，引入火花学院的优质学科资源，为学生提供丰富的科学可视化素材资源。例如，数学学科包含了图形与几何、数与代数、统计与规律等，科学学科包含了生命科学、物质科学、地球与宇宙科学、技术与工程等，充实了校本课程内容。最后，学校的未来教室建设依托互联网技术，实现了与国家中小学智慧教育平台的互联互通，链接了国家层面的各种教育资源，包括教育部制定的教育大数据、在线教育平台、国家级课程资源等，为学生提供了更广泛的学习机会。学校持续积累学校教育实践和研究成果等校本特色资源，让未来教育充满无限可能。例如，依托平板开发出了适应低年段学习的 scratch 启蒙编程项目及新教育场景下的各学科融合课例、录播系统支持下的名师课堂实录资源等，通过将这些校本特色资源纳入未来教室课程设计，为学生提供了多层次、多元融合、个性化的学习体验。

3. 发展经验

技术融合、课程设计等共同推动了未来教室中教学效能的不断提升。学校在未来教室的建设过程中，在教师教学方式、学生学习方式等方面形成了一定经验。

（1）转变教师教学方式：更精准、更生动、更多元

在未来教室的教育新场景下，教师的教学方式发生了根本性改变，教师需从传统知识的传授者变为了学习的引导者和激励者。教师要将技术与教学有机整合，收集数据研判，以改进教育教学，并为学生提供更具个性化的学习体验。在新技术的支持下，教师需灵活运用交互式白板和虚拟实验室等工具，以更生动、具体的方式呈现抽象的数学和科学概念。例如，在数学中，教师使用触控一体小组屏展示几何图形的旋转和平移，帮助学生理解几何变换。在科学中，借助虚拟实验室设备模拟化学反应和物理实验，利用情境化学习激发学生的好奇心和探究欲望。

（2）转变学生学习方式：更主动、更灵活、更深入

在未来教室的教育新场景下，学生的学习方式需要发生转变，通过技术手段促进学生的主动学习、深度学习。学校借助小组会议屏、平板学习机和智能点阵笔等高新教育工具促使学生积极参与课堂互动。例如，在语文教学中，学生可以在小组会议屏上共同赏析文学作品，通过圈画、批注等方式加强组际交流互动，加深课文理解，提高语言表达能力。在英语学习中，通过金陵微校提供的在线字典和语音点读、识别技术等为学生提供了即时支持，通过火花学校提供的交互游戏让学生在沉浸体验中趣味练习。学校借助这一系列工具的整合促使学生更加积极主动地参与学习，促进了跨学科知识融合，提升了学科学习效能。

（3）转变教与学理念：注重学生综合素养的全面提升

在未来教室的教育新场景下，需要转变教育目标与理念，借助开放的学习环境和更多元的

教育资源整合促使学生综合素养的提升。以综合实践学科为例，借助技术手段引导学生在探究性学习中积极提出问题、寻找解决方案，并进行实践操作。此外，丰富学生的活动成果呈现方式，借助数字化学习工具和平台进行创作和创意表达，引导学生通过文字报告、图片、音视频等多种方式记录及呈现自己的学习成果。注重学生批判性思维、创造性问题解决和团队协作等多维能力的培养，帮助学生面对未来世界的复杂问题。

4. 进一步发展方向与关键问题

当前，学校在未来教室的建设过程中，还面临技术设备的不稳定和不兼容、师生信息素养不足、新型教学模式转变困难及家长的理解和支持不足等挑战。未来，学校将聚焦这些挑战，通过建立专门技术支持团队、组织教师培训研讨和建立教师共同体、开展学生培训课程、举办家长开放日活动等方式，与家长、教育专家和技术领域的合作伙伴合作，共同推动未来教室的可持续发展，持续致力于未来教室的发展和创新，培养适应未来发展的未来人。

8.5 互联网支持的管理与服务

8.5.1 "海马e站"——智管理，慧生长

南京市江宁区九龙湖幼儿园高度重视幼儿园的信息化环境建设，配置有多项硬件设备，在学校智慧管理方面取得一定成效。学校多次参与上级部门组织的信息化教学培训，不断改进完善园内信息化建设，2022年入选南京市"信息技术2.0提升工程第二批优秀学校"。

1. 发展历程

学校在管理中面临着安全管理、信息流通、管理效能等方面的现实问题，促使学校引入互联网支持，构建互联互通的数据化一站式管理平台。九龙湖幼儿园立足"智慧校园"的已有经验，运用网络开发技术，结合人脸识别、大数据等手段，打造智慧化管理系统，将智慧安防、智慧教学、智慧办公、家园共育、智慧数据等功能联结，实现了系统信息互通，管理区域联动，构成了智慧化、信息化的一站式管理平台——"海马e站"。

2. 发展现状

（1）开发一战式智慧管理平台

"海马e站"作为九龙湖幼儿园的一站式管理平台，具有完整的生态架构（见表8-2），使用者包括教职工、幼儿、家长等。通过一站式平台，学校打通幼儿园管理各环节，提高管理效能，节约管理成本、丰富管理成果。

表 8-2　九龙湖幼儿园一站式智慧管理平台生态架构

九龙湖幼儿园一站式智慧管理平台								
用户层	幼儿园管理层、教师、后勤、门卫、幼儿、家长、访客、其他							
应用层	幼儿安全管理		信息管理			园务管理		
	门禁 访客 监控	出勤 晨检 饮食	新闻报道 通知公告 文件公开 评比公开	课程 资源库	成长册 家校圈 家校沟通	考勤	文件审批 财务审批	会议培训 活动招生
数据层	决策分析平台、数据可视化平台							
输入端	电脑、平板、摄像头、访客机等							

（2）积极完善智慧管理平台功能

学校积极推进"海马 e 站"平台功能的完善，目前设置有 12 大模块，分别是行政管理、教育教学、教育科研、后勤管理、考勤管理、办公审批、卫生保健、人事管理、资产管理、成长计划、家长工作、设备与订单（见表 8–3）。

表 8-3　"海马 e 站"功能解读

"海马 e 站"	
行政 管理	园所信息和园本文化的展示，包括指向教职工的部门计划与方案公示、会议公示、通知公告、来访接待公示等，以及指向所有用户的园所荣誉成果公示，还有园本文化建设成果展示，如园标、园歌、园刊等。
教育 教学	主要指向班级、教师、幼儿和课程。班级层面主要有年级组和班级的管理，包括发布和管理任务和活动；建立幼儿个人主页，含有教师对幼儿活动的观察日志；与图书馆实现对接，可以在线进行查看和借阅；教师可以发布调查问卷、申请评优评先；建立在线课程资源库，供全体教师学习。
教育 科研	主要指向幼儿园的课题研究和教师教研。可以进行课题研究的任务分配、进程追踪及资料共享，也可以分享教师教研的话题、讨论和心得。
后勤 管理	由后勤部门负责，一方面进行园内各项活动的新闻报道整理与发布，另一方面进行园内"6S 管理"的检查、资料整理和成果展示。
考勤 管理	与智能门禁系统对接，设置有教师、幼儿及家长的面部识别库，进行教师和幼儿的考勤管理和请假管理。
办公 审批	进行园内工作的审批管理，由教职工发起审批，园务管理层进行审批。在大型任务或重大活动上，可以由管理者建立工作流，各部门分配任务协作完成。

（续　表）

"海马 e 站"
卫生保健	由保健室和财务室共同负责，保健室对幼儿的健康和卫生进行管理，包括每日健康数据的申报、幼儿食谱制定以及每日菜品的监管；财务室管理各班级的退伙申报，并且可以进行伙食退费统计、食堂开销统计等各项数据统计。
人事管理	人事部门上传教职员工档案和学生档案，建立信息化档案库。
资产管理	后勤管理部门建立幼儿园资产管理库和供应商列表，并进行物品出库、入库、报废等管理。
成长计划	主要指向"幼儿成长册"，提供幼儿成长册的模板和素材库，教师可以为幼儿制作个性化的成长册，并留下成长档案。
家长工作	管理层进行访客的访问审批与接待安排，也在此接收家长的意见、建议与投诉，并给予及时反馈。
设备与订单	门禁系统和监控系统的管理入口。

3. 发展经验

（1）打造技术支撑的智慧管理平台

学校借助智慧管理平台，充分利用人脸识别系统，实时记录幼儿出勤情况，时刻监测幼儿身体状况。智慧管理平台也为教职工的申报审批、沟通交流、任务分配、成果整合等工作提供帮助，实现工作效率最大化。另外，"海马 e 站"支持自行配置幼儿园官网、配置微信服务号的基本信息，在平台发布的信息，支持同步一键推送到官网、微信服务号、小程序等多种媒体的多种客户端，减少重复工作。

（2）融入园本文化打造管理特色

学校将幼儿园自身的管理特色"幼儿园 6S 管理"融入智慧管理平台，帮助教师定流程、定标准，希望借助管理平台帮教师建立良好的生活习惯与工作习惯，这就是园本特色管理与互联网智慧管理的有效融合。另外，在面向全体用户（包含访客）的功能界面，会呈现九龙湖幼儿园的文化特色，如园标吉祥物、园所环境图库、园刊等，实现园所文化的对外展示和传播。

（3）主动发展创新智慧管理平台

幼儿园智慧管理平台——"海马 e 站"的创新之处主要体现在五个方面。第一，管理一站化。"海马 e 站"进行了全园管理的整合，实现了管理上的联动，且管理角色涉及园所管理层、教师、后勤、门卫、家长、访客等，管理功能覆盖幼儿园生活与教学的方方面面。第二，管理安全化。借助"海马 e 站"平台，与幼儿相关的每个流程、每个环节都可控可查，同时幼儿园组建局域网进行内部的资料共享和处理，设置权限，按用户组（岗位）授权，避免了信息外流，保障了信息的安全。第三，管理全员化。全园参与到管理中来，既保障了管理无遗漏，也培养了各主体的管理经验和责任意识。第四，管理数据化。在管理的过程中建立多种数据，让每项管理都有据可依、有据可查，且能够通过分析数据发现管理问题，优化管理思路。第五，管理可视化。"海马 e 站"将平板电脑作为教师的管理工具，每个班级配备管理平板，教师可以通过平板了解幼儿状态、实施班级管理。同时，平板也可以用在班级门口作为电子班牌，展示班级最新的消息与动态。

（4）形成特色管理流程与方案

"海马 e 站"在初步投入使用过程中，形成了一些特色的管理流程与方案，有一定的参考和借鉴价值。例如，入离园"安全五关"（见图 8-23）。幼儿园在门口设置刷脸门禁，门禁提前录入家庭监护人人脸，早上监护人刷脸送幼儿入园。入园信息会同步推送至监护人手机端和班级教师设备端。班级设备端会显示幼儿入园状态，提醒教师相关信息。幼儿接受晨检完毕，相关信息也会经历上述过程。直到幼儿安全进班，系统会再度推送消息给监护人，并完成整体信息的归档。家长接幼儿放学离园后，离园信息将推送至全体监护人，以确保幼儿离园安全。同时，幼儿园围绕"海马 e 站"构筑了一个管理层、教师、家长的家园共育生态圈（见图 8-24），实现全真实、动态化、高反馈的家园共育。幼儿园利用一系列技术手段对幼儿的安全、健康进行实时监护，基于数据实时进行管理。

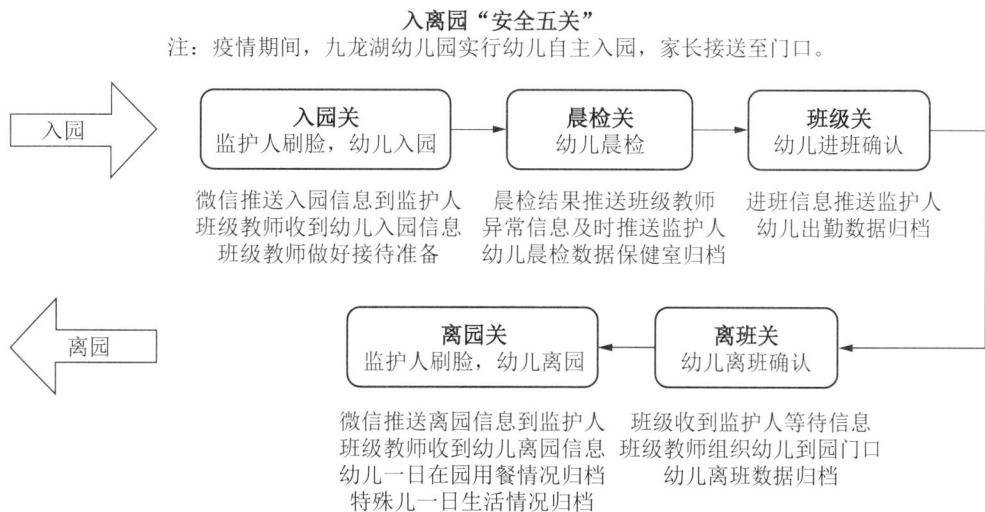

入离园"安全五关"
注：疫情期间，九龙湖幼儿园实行幼儿自主入园，家长接送至门口。

图 8-23　入离园"安全五关"流程图

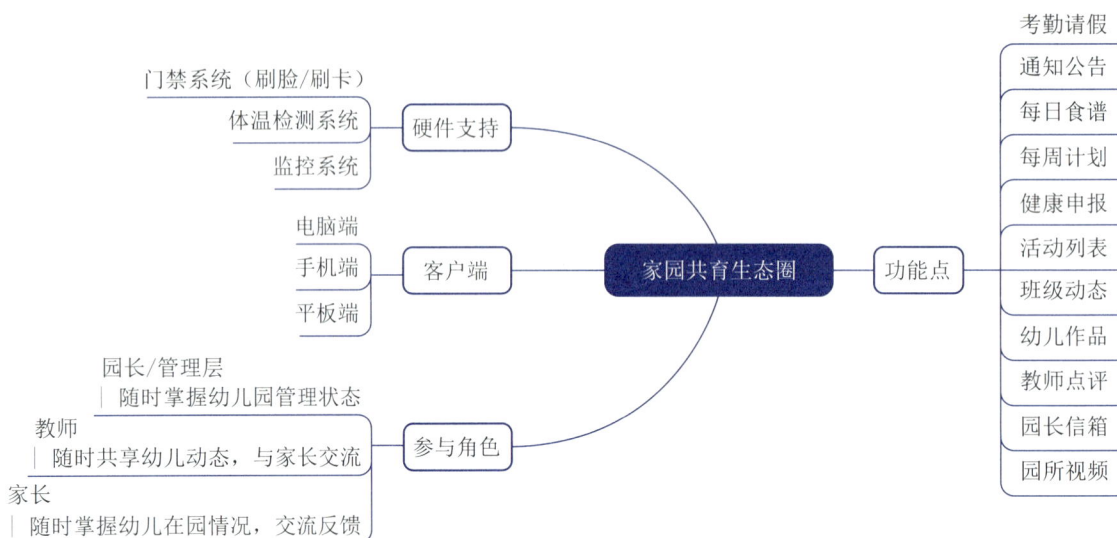

图 8-24　家园共育生态圈

4. 进一步发展方向与关键问题

学校未来将进一步完善"海马 e 站"，一方面，完善各模块的功能，提升管理平台的成熟度，完善管理平台的体系结构，增强管理平台的用户体验；另一方面，推动多客户端的设计与开发，推出适应不同客户端的软件，实现随时随地使用、时时刻刻管理的目标。同时学校将重点关注平台的安全性与稳定性问题，进一步完善安全管理机制。

8.5.2　"双减"背景下作业支持管理平台校本实践

科利华铁北中学的信息化基础设施较为先进。依托作为江苏省信息技术课程基地——科利华本部的高水平资源，学校高度重视信息化赋能教育教学，积极开展信息化在课堂实践中的应用。在南京市电教馆、玄武区教师发展中心的专家引领下，以作业支持改革管理平台为抓手，科利华铁北中学积极推进互联网支持下的校本实践。经过一年实践，科利华铁北中学在"南京市中小学教师信息技术应用能力提升工程 2.0"中荣获优秀称号。

1. 发展历程

（1）探索期：初步探索作业创新设计

科利华铁北中学针对青年教师占比大、教师研究能力不强的实际情况，将作业管理作为学校的重点研究方向，开展了寒假作业创新设计的初步探索。学校开始参与研发"玄武作业支持管理平台"，利用信息化手段力求实现高效的作业管理。

（2）完善期：研发作业管理平台，展开试点研究

在此期间，学校面向三个年级的不同群体开展了问卷调查，根据问卷调查的结果，召开了

学科组长会，集思广益，为作业数字化管理提出建设性意见。在南京市玄武区教育局、南京市玄武区教师发展中心的指导下，科利华铁北中学与技术研发团队多次沟通，研发作业支持管理平台，以英语学科为试点检验平台设计的科学性、实用性，并在此基础上多次迭代，提升平台功能的外延性和用户操作的便捷性。此外，为提高作业设计质量，学校开展了基于学科关键能力的二维双向校本的作业设计与实施。以作业为载体，锚定学生学科关键能力的形成，根据学习内容设计不同功能的校本作业，利用校本作业建构学生的知识、能力和思维。再利用"作业支持管理平台"分层发布基础、精进、拓展三类练习（见图8-25），及时收集反馈后，开展大数据分析，反推作业优化，开展全程化作业智慧管理，充分发挥作业的育人功能。

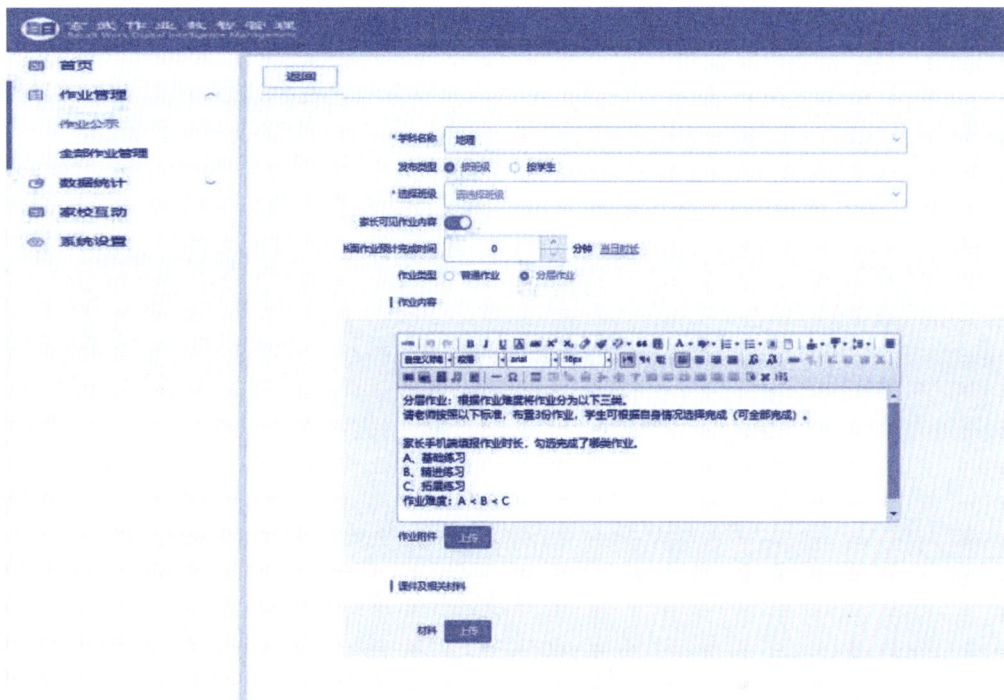

图 8-25 作业数智管理平台界面

（3）推广期：全校范围推广作业支持管理平台

在利用作业支持管理平台形成管理范式后，学校开始在全校范围内推广作业支持管理平台的应用，并通过学校管理端加强全校教师的作业管理，每周备课组长会统计作业支持管理平台的使用情况并及时上报，教务处联合学科组抽查学科作业设计质量，通过分析平台数据监管教师所设计作业的时长和学生作业的完成质量（家长反馈），并将结果上传至学校"泛在学习中心"，建立"云"上学情诊断数据包。

2. 发展现状

作业支持管理平台是依托已有的"覆盖全区、统一标准、上下联动、资源共享"的南京教育政务平台，以"开放平台＋微服务"的设计而开发的，旨在精准监测作业总时长，合理调控作业结构，优化作业设计，科学减负提质，营造良好学习生态，实现家校协同育人。目前平台功能设计从以下四种角色入手。

（1）教师：开展基于平台的作业管理

各科教师设计好作业后，统一通过平台发布。教师可根据需要发布分层作业（基础、精进、拓展），可以向全体学生发布集体作业或向个体发布个性化的作业。每班教师需要精准预估作业时长，协调好总时长（不得超过90分钟），一旦超过系统将会进行预警；同时，教师可以通过平台上传辅助性资源，如课件、教学案、微课等，帮助学生自主学习。此外，教师可通过平台实现作业批改与反馈，展示学生优秀作业。次日，教师可通过数智平台终端查看学生作业完成情况的各项数据分析，在完成作业批阅后通过平台向家长推送点评反馈。

（2）班主任：进行基于平台数据的学情掌握

班主任可通过平台看到本班作业情况，包括各科作业内容、规划时长等，可与家长开展互动，次日可查阅家长反馈和相关数据分析，同时可查阅班级任课教师对学生作业的点评与反馈，全面了解班级学情。

（3）家长：获取平台的资源支持与实时反馈

家长可通过平台了解各科作业内容和规划时长，利用教师上传的课件、课后习题等各种资源为学生的自主学习提供支持。家长可实时反馈当日各科作业学生的实际完成时长，还可与任课教师、班主任、年级组长、校领导进行文字或语音的及时交流互动（见图8-26）。次日，家长将收到平台反馈的前一日班级作业平均完成时长和教师的点评反馈。

（4）管理者：进行基于平台的多维度数据分析

管理者可通过平台多维度地总览全校作业统计数据，如作业发布情况、作业完成时长、家长的反馈情况、教师对作业的点评反馈等。管理者每日分析统计得到的数据，引导各学科教师开展具有统筹性、科学性、针对性的作业设计（见图8-27）。

目前作业管理支持平台已在学校全面推广，学校通过作业改革平台初步实现了校内统筹作业设计，形成了"作业公示、超时预警、用时反馈、调整优化、作业提质"的管理闭环，有效控制书面作业总量，并初步取得成效。第一，协同安排高度统筹。在平台的整体框架下，各科教师形成统筹规划的意识，精简每日作业量，开展大单元作业设计，调整学科作业结构。第二，合理规划提高效能。学生根据自身实际进行每科作业规划，借助教师提供的支持资源和反馈指导提高作业完成效率。第三，分层作业精准推送。教师针对不同类型的学生提供个性化作

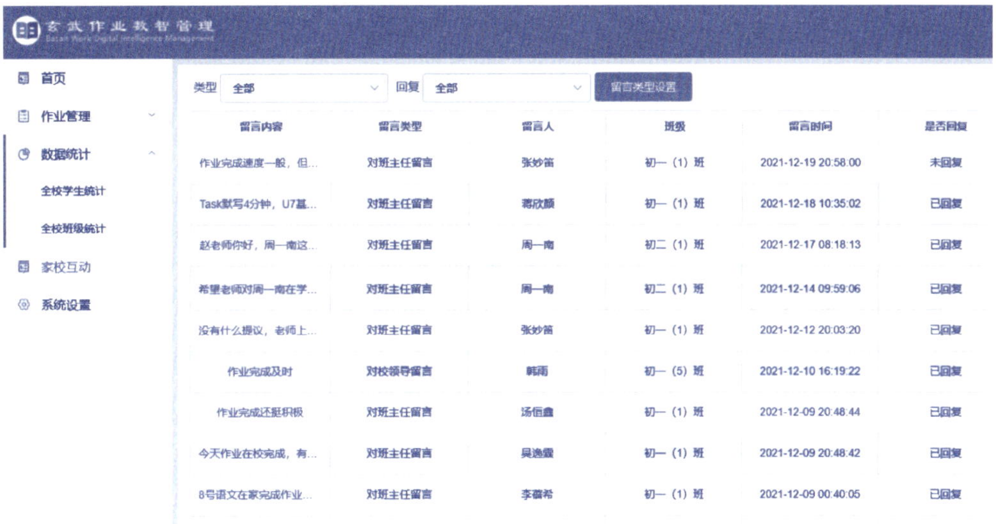

留言内容	留言类型	留言人	班级	留言时间	是否回复
作业完成速度一般，但...	对班主任留言	张妙笛	初一（1）班	2021-12-19 20:58:00	未回复
Task默写4分钟，U7基...	对班主任留言	蒋欣颜	初一（1）班	2021-12-18 10:35:02	已回复
赵老师你好，周一南这...	对班主任留言	周一南	初二（1）班	2021-12-17 08:18:13	已回复
希望老师对周一南在学...	对班主任留言	周一南	初二（1）班	2021-12-14 09:59:06	已回复
没有什么提议，老师上...	对班主任留言	张妙笛	初一（1）班	2021-12-12 20:03:20	已回复
作业完成及时	对校领导留言	韩雨	初一（5）班	2021-12-10 16:19:22	已回复
作业完成还挺积极	对班主任留言	汤佰鑫	初一（1）班	2021-12-09 20:48:44	已回复
今天作业在校完成，有...	对班主任留言	吴逸霖	初一（1）班	2021-12-09 20:48:42	已回复
8号语文在家完成作业...	对班主任留言	李蓓希	初一（1）班	2021-12-09 00:40:05	已回复

图 8-26　作业管理平台家长对学生作业完成情况的反馈

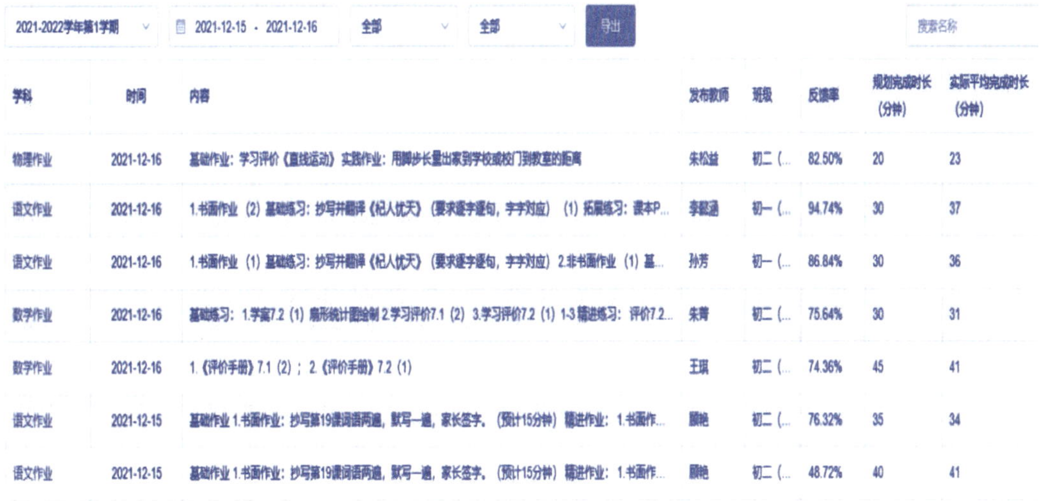

学科	时间	内容	发布教师	班级	反馈率	规划完成时长（分钟）	实际平均完成时长（分钟）
物理作业	2021-12-16	基础作业：学习评价《直线运动》实践作业：用脚步长量出家到学校或校门到教室的距离	朱松益	初二（...	82.50%	20	23
语文作业	2021-12-16	1.书面作业（2）基础练习：抄写并翻译《杞人忧天》（要求逐字逐句，字字对应）（1）拓展练习：课本P...	李懿涵	初一（...	94.74%	30	37
语文作业	2021-12-16	1.书面作业（1）基础练习：抄写并翻译《杞人忧天》（要求逐字逐句，字字对应）2.非书面作业（1）基...	孙芳	初一（...	86.84%	30	36
数学作业	2021-12-16	基础练习：1.学案7.2（1）扇形统计图绘制 2.学习评价7.1（2）3.学习评价7.2（1）1-3 精进练习：评价7.2...	朱菁	初二（...	75.64%	30	31
数学作业	2021-12-16	1.《评价手册》7.1（2）；2.《评价手册》7.2（1）	王琪	初二（...	74.36%	45	41
语文作业	2021-12-15	基础作业 1.书面作业：抄写第19课词语两遍，默写一遍，家长签字。（预计15分钟）精进作业：1.书面作...	顾艳	初二（...	76.32%	35	34
语文作业	2021-12-15	基础作业 1.书面作业：抄写第19课词语两遍，默写一遍，家长签字。（预计15分钟）精进作业：1.书面作...	顾艳	初二（...	48.72%	40	41

图 8-27　全校各科作业统计数据

业，针对全体学生提供基于知识发展逻辑、学生综合素养、现实问题解决三个价值导向的作业，使作业设计从枯燥的重复训练转向个性化的表达与思维创造、从定向布置转向梯度设置与按需选择、从盲目追求难度与数量转向促进学生能力发展。第四，家校互动和谐育人。家长与任课教师、班主任、年级组长、校领导在平台上进行信息交流，实现作业资料的长期过程性记录，建立学生个性化学习档案，形成校本化作业库。

3. 发展经验

（1）重视顶层设计

学校将作业减负增效作为未来 5 年工作的重点写入规划方案并开展了相应的研究，“双减”政策给予了科利华铁北中学强有力的宏观政策指引与支持。基于此，学校将作业支持管理平台定位为作业合理规划提高效能、分层作业精准推送、家校互动和谐育人的载体，制定了《南京市科利华铁北中学"作业支持管理平台"使用制度》，成立了工作小组，为智慧作业管理提供了制度和组织保障。

（2）分阶段推进使用

学校根据初中阶段教学实际，首先确定初一年级语、数、英和初二年级语、数、英、物作为第一阶段推广使用的年级学科，进而开展面向管理人员、教师、家长不同群体的培训和使用指导。通过阶段性实践，教师、家长、学生心理上逐步接纳，方法上日渐熟练，并在使用中体悟其效能，受益其价值，同时为平台后一阶段的升级优化提出改进性建议。第二阶段实现全年级全学科全员使用。第三阶段在区发展中心的支持下迭代升级，实现功能优化。

（3）定期进行校本研修

通过专家讲座引领、优秀教师交流，帮助教师建立科学作业观，开展大单元作业设计与实施研讨，将学习内容和学科关键能力两个维度加以连接，发挥作业在"两场域"（课堂内、外）、"三阶段"（课前、中、后）内对学生知识、能力和思维建构上的作用。通过技术人员跟岗指导，提升全员平台使用能力；教师每日精准推送作业，提供支持学习资源；家长每日进行反馈；平台每日进行数据分析，实现作业全程智慧管理。

（4）推动作业体系优化

学校基于平台进行智慧作业管理，通过大数据分析推动深入开展基于学科关键能力的二维双向校本作业设计与实施研究。学校还通过平台构建"三向度校本作业资源库"，包含不同年级同学科纵向资源、同年级不同学科横向资源，从设计到批改、讲评和辅导，将资源循环利用。通过作业设计和实施改进学生"学"的过程并反哺优化教师"教"的过程，形成有价值的校本作业设计和实施模型，提供有价值的教学实践成果。

（5）联动个性化学习系统

学校将作业支持管理平台和学校的个性化学习系统进行了联通。基于平台数据的采集，分析学生学情，针对学生作业中的问题，利用个性化学习系统提供举一反三的补偿训练及学习资源，支持学生自主学习。同时，利用集体备课平台，帮助教师以学科组为单位设计综合类高阶思维的作业形式，提高学生的关键能力和核心素养。

（6）纳入学校质量评价体系

将基于作业支持管理平台的全流程智慧化作业管理，作为作业改革的新举措，制订相应的评价方案，纳入学校质量评价整体框架，赋能班级管理考核和学科组建评价。

4. 进一步发展方向与关键问题

基于学生发展和智慧管理的需求，学校未来将对作业支持管理平台开启教改提质进阶行动，从科学化、统筹化、协同化、个性化四个方面进行作业设计，优化课堂教学，倡导大概念、大单元、大任务教学。具体的改进措施有：第一，对校本资源库（含教师资源和学生答疑资源）的建设继续进行优化和拓展；第二，进一步整合学校各个平台，互相支持、互相联通，实现数据的共享共通。

8.5.3 智慧物联 高效管理——浦口三中校园物联网应用案例

南京市浦口区第三中学教育教学设施完善，各类功能室齐全，在信息化建设方面起步较早，在学校高效管理方面取得一定成效。学校被评为第二批南京市智慧校园示范学校，先后获"南京市推进素质教学示范初中""南京市新课程改革实验基地""全国'家校共育'数字化项目第二批试点校""江苏省科普教育基地（2020—2024）"等荣誉称号。

1.发展历程

（1）明确目标

为响应《教育信息化2.0行动计划》《"十三五"节能减排综合工作方案》等政策，学校将物联网技术引进校园，加强校园管理，让学生早日接触熟悉物联网技术，引导学生对其产生兴趣，进一步激发学习物联网技术的热情，学习掌握物联网技术。

（2）方案谋划

基于对现实问题的考虑，学校建设一套具有智慧管理等特征的智慧校园系统成为解决方案。学校对校园物联网进行构思，使其在校园安全监管、环境监测、能耗管理、设备管理等方面可以充分发挥效益；通过中小学社团等形式，开设与生活相关的物联智慧应用探究课程，让学生了解各类传感器在现代社会中的应用。

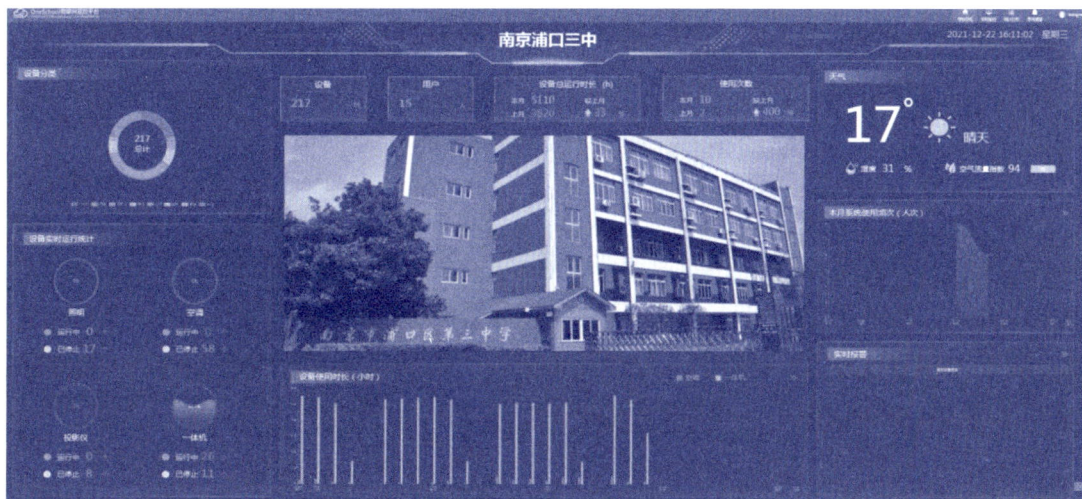

图 8-28 学校基础校园物联项目

（3）方案实施

学校已初步建设校园物联网应用（见图 8-28），实现了对所有教室及功能室的多媒体设备、空调管控，创建了报告厅、会议室等智慧应用场景，实现了人脸识别验证身份开关，同时校园中建设有智慧气象站及智慧农植园，以便学生开展探究。

2. 发展现状

（1）物联网技术助力智慧校园多元发展

学校在应用物联网技术打造智慧校园方面形成了一定经验，主要体现在打造高效管理校园、智慧节能校园、科学探究校园等方面。

第一，用物联网技术打造高效管理校园。学校结合物联网终端技术，通过物联网管理平台对校园所有教室的一体机、投影、空调等设备及部分功能室的照明、窗帘等实现了远程智能化管理。管理人员可以随时随地查看接入物联网的设备状态，远程实现开关机操作。在一套平台上建设简洁、高效、联通的校园管理新体系，有助于营造智能友好的校园环境。

第二，用物联网技术，打造智慧节能校园。学校借助物联网技术进行智慧校园建设。在自然资源方面，运用物联网技术实现对学校能源的监控和管理，尤其是对水、电等能源使用情况进行监管，实现校园能源消耗的智能化管理。例如，在功能室中安装传感器和控制器，随时依据室内的光线和人数进行光亮的调节。通过物联网管理平台，可按月或按指定时段进行能源数据统计，以数字化图表的形式直观呈现，从而实现对比分析，快速发现使用过程中的能源损耗故障。

第三，利用物联网技术打造科学探究校园。学校利用校园空地，改造灌溉、通风、补光、加湿、升降温等功能系统，使之可以实现远程控制。同时，配套相应的环境感知设备，如小型太阳能气象站、光照度传感器、空气／土壤温湿度传感器、二氧化碳传感器、土壤盐分传感器等，建立智慧型校园农植园，利用物联网平台自动调节生长环境，实现对农植园的无人化智能管控。结合智慧农植园建设，学校开设创客课程，引导学生学习物联网传感器相关知识，倡导师生进行物联网相关技术研究，营造校园的科学探究氛围。

（2）项目覆盖范围逐渐扩展

学校一期项目建设完成后，现已覆盖所有教室及功能室，实现对多媒体设备、空调的远程物联管控。在会议室、报告厅、学科中心实现了智慧物联场景建设。除以上设备外，项目还加入对了灯光、窗帘的管控，并实现了人脸识别验证身份开关。在校园里已建有智慧气象站及智慧农植园应用（见图 8-29、图 8-30）实现远程查看及管控，以便学生开展物联网应用探究。

图 8-29　基础校园
智慧气象站项目

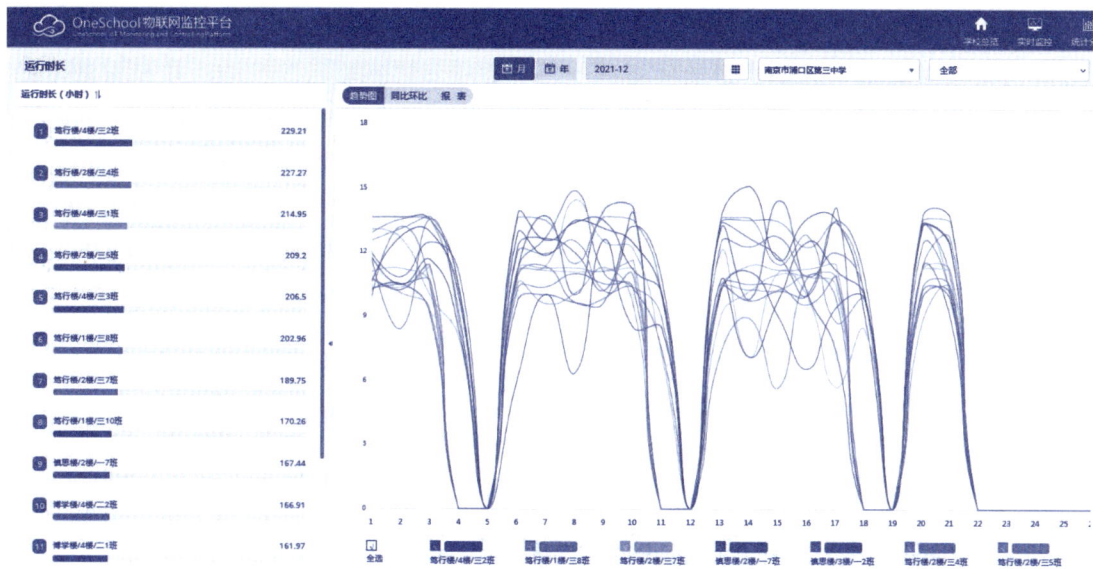

图 8-30　物联网监控平台

3. 发展经验

学校通过物联网技术的应用，在建设目标、平台建设、与教学对接等方面形成了一定发展经验。

（1）明确物联网主要建设目标

通过智慧校园物联网管理系统建设，学校业务管理从先前局部、粗放、估算的管理模式向全面、精细、科学的模式转换。借助平台数据汇总、统计与分析，将数据信息以表格、图形化形式，精确感知学校各场景、区域的安全、设备、能耗、环境状态与趋势，快速定位问题，明确治理方向，提高决策水平。基于以上考虑，结合学校已建设完成使用现状，总结校园基础物联网主要建设目标应该有以下内容：对教室的照明、空调及插座等进行管控，对教室教学一体机进行集中控制，对录播教室、报告厅、会议室加强门禁的扁平化管理，将物联网技术融入学校的教研工作，有通用的系统接口以及友好的人机界面。

（2）加强平台建设与管理系统的建立

物联网数据后台，除用于本系统分析外，还可以考虑可以标准数据包形式，及时上传至上一级平台。基于学校与区级教育主管单位信息交互沟通需要，可建立校、区、市级教育管理部门的教育物联感知管理系统，形成可感、可控、可视的多级联控管理模式。智慧物联网校园建设在不同阶段有不同的建设侧重点和实施要求，应根据现阶段学校考察情况及当前功能的要求，考虑未来应用扩展的需要。

（3）将技术实现与日常教学管理体系对接

在当前"双减"背景下，学校通过技术的有力支持，提高教学质量分析监测与评价体制，并建立行之有效的保障体系，提升教育教学中的组织、评价和考核等环节的质量。学校目前将智慧气象站及智慧农植园融入生物学科校本课程，利用互联网终端远程收集、集中处理相关数据，并及时发布观测信息，使学生的种植经验、研究成果得到展示、交流，从而有利于学生科学素养的培养及提高。

4. 进一步发展方向与关键问题

学校未来计划与 OA 办公管理平台连通，实现以下功能：第一，加入设备的资产管理功能，与资产标签相对应以实施网络查询功能，与资产平台对接以实现网络报修功能；第二，增加教室预约系统，通过预约自动管控教室电教及设备的使用和关闭，实现定时化、专用化、便捷化、智慧化；第三，加强校园用水管理，达到节约型校园在线管控。

8.6 互联网支持的教师专业发展

8.6.1 5G 条件下跨区域教学应用模式协同创新实践共同体建设

在"教育信息化 2.0"背景下，区域教育信息化的探索不断深入，尤其是信息技术支持下区域教育均衡发展与城乡同步（专递）课堂的研究。共同体、教学共同体、学习共同体等相关理念与实践机制正在被引入区域教育信息化研究和实践中。南京市玄武区教师发展中心承担了教育部科技司 2020 年度教育信息化教学应用实践共同体项目《5G 条件下跨区域教学应用模式协同创新实践共同体》，旨在构建 5G 教育应用跨区域共同体协同实践模式，打造教师发展的闭环全过程，形成科学化的教师培养发展体系，将优质教育资源覆盖到更广的区域。经过两年多的实践与探索，跨区域协同创新实践共同体的建设取得了较丰富的研究成果和实践案例，也让更多的师生实现了跨越地域距离、共享优质教学资源，进一步推动教育向均衡发展的目标迈进。

1. 发展历程

项目的实践步骤大致可以分为以下几个时期。

（1）问题导向期：确定以共同体助力解决跨区域教育改革面临的关键问题

当前存在的优质教育资源配置不均衡问题，其实质是教师资源配置的不均衡。5G 条件下构建跨区域教学实践共同体，依托互联网教学平台跨越时空限制，实现各地区、学校、教师以及学生间的同一时间不同场域的共建共学，是促进优质教育资源实现均衡的可行方案。

（2）机制创新期：实践共同体组织、运行机制的系统设计与本土创新

南京市玄武区教师发展中心依托地缘优势，基于政企学研协同模式，创新信息化教学方法、教学形式，建构了 5G 支持下跨区域教学应用模式协同创新实践共同体（见图 8-31），其

中"构建共同体"是优化新时代教育资源分配的关键，是探究推进信息化教学应用的长效机制，从而实现育人理念的重塑、教学资源的重组、教育生态的重构、区域间互助模式的创变。

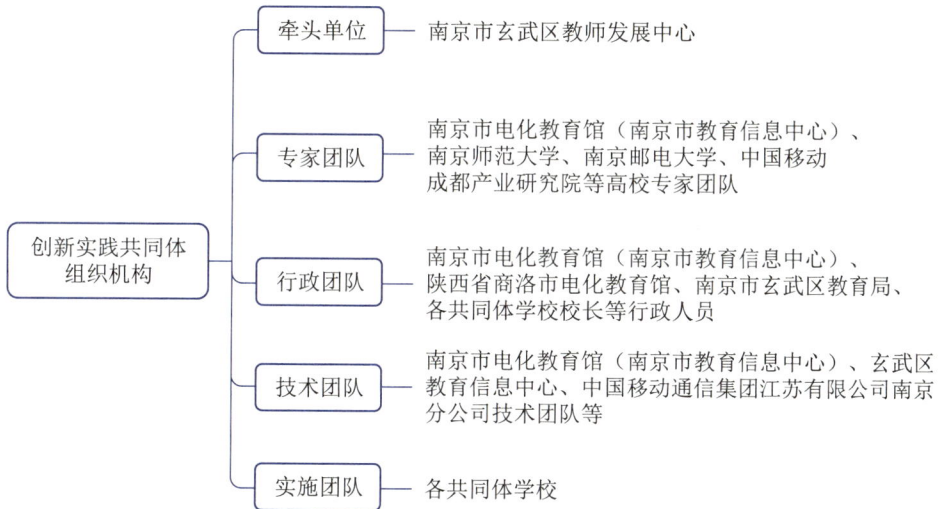

图 8-31 5G 支持下的跨区域教学应用模式协同创新实践共同体框架

（3）模式探索期：形成适合教育数字化转型和发展本土信息化教学应用模式

构建 5G 条件下跨区域教学实践共同体应用模式的核心目标是满足日益增长的教学需求，5G 等信息技术是模式的支撑，专家、教师、学生是模式的参与主体，平台、资源、数据是模式应用后产生的结果，由此构建了具体应用模式（见图 8-32）。

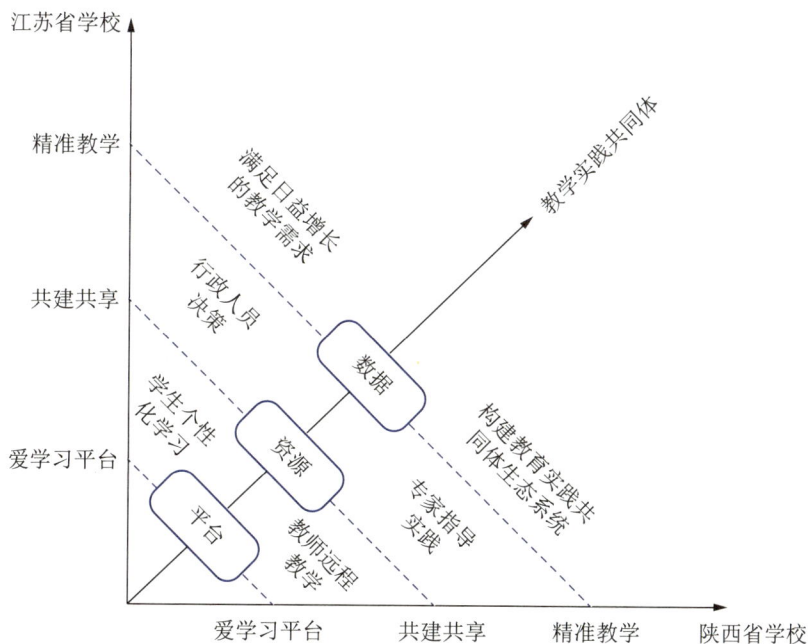

图 8-32 适应教育数字化转型和本土信息化教学应用模式

（4）资源建设期：汇聚和建设高质量教育教学资源

基于优质教育资源建设、整合和汇聚的有效机制，南京市玄武区教师发展中心建设了一批高质量的数字化教育教学资源，扩大了优质资源的覆盖面，在一定程度上解决了中西部地区学校面临的优质师资不足问题，同时也形成了优秀教师与优秀工程师深度协作的资源建设路径与模型，建设了可复制共享的三类自适应学习资源体系。

（5）教师成长期：促进教师知识学习、态度转变和资源共享

牵头的实践共同体在不断实践探索中形成了可操作、可复制的"教师专业发展模型"。参与年度实践共同体项目的教师在知识学习、态度转变和资源共享三个方面与未参加的教师相比，前者在信息素养和信息化教学能力提升方面收获更大，对于自身教学实践改进的影响也更大。

2. 发展现状

由中国移动通信集团江苏有限公司南京分公司、南京市玄武外国语学校、南京市北京东路小学、小营小学、南京理工大学实验小学、南京市北京东路小学附属幼儿园、南京师范大学附属小学、陕西省商洛市商南县电化教育中心、陕西省商洛市商南县城关小学、陕西省商洛市商南县试马镇初级中学 11 所单位构成的跨区域实践共同体，目前所取得的主要成果如下：

（1）建立了 5G 全息名师课堂环境

项目历经十多次现场环境测试，最终实现能够营造真实"面对面"授课效果的虚实结合的远程智慧教育环境，实现名师课堂、专题课堂的同步直播，将优秀教育资源大范围辐射，为跨区域的学生提供同等的教育平台。测试历经全息炫屏、全息纱幕、全息背透膜、全息正透膜四种全息终端设备。通过不断测试修订方案。

（2）生成了三类典型案例

项目在实践中共形成了三类典型案例，分别如下：

第一，课程案例。南京市玄武区教师发展中心通过设置名师课堂周，为共同体成员单位即陕西省商洛市教师及学生呈现资源丰富、内容精彩的全息名师课堂，两地教师共享课程资源，共建远程名师课堂。该共同体建设不仅提升了双方教师的专业能力，也为两地的学生呈现了一节节精彩的课堂。当学生感受到千里之外的教师"全真现身"本地教学，上课的积极性明显提升。信息化助推教育现代化有了进一步的实践应用。

第二，项目案例。围绕"5G 跨区域教学实践共同体"主题，形成 5 个典型案例，包括"5G 条件下'城市小农夫'田园课程项目实践与研究""5G 条件下虚拟仿真实验课程资源系统建设项目""5G 条件下'双师课堂'项目实践与研究"等。

第三，实践样态案例。以区教师发展中心、南京师范大学附属小学等为实践样态案例集，

成为典型示范校，例如南京师范大学附属小学的"基于 5G 全息技术支持下小学数学远程课堂教学的实践探索"案例等。

（3）明晰了价值定位

共同体项目重塑教学理念，打破标准化教学传统，打破传统应试教育带来的成绩至上的束缚，借助 5G 技术优势能创造与不同区域教育主体合作的机遇，使个性化和规模化教学均得以发展。项目重组教学资源，促进优质资源流通。重构教育生态，立足于 5G 技术带来的资源和信息跨区域快速传输的优势打造实践共同体生态圈。转变区域间互助模式，实现双向帮助，由区级到市级到省级到跨省进行推广，由点及面可展开复制，进而促进国家对口帮扶政策的实施。

3. 发展经验

结合项目实践发展情况，玄武区教师发展中心生成相关发展经验。

（1）注重育人理念的重塑，形成超越育人的传统教育思维

通过"互联网＋"的教育改革模式颠覆传统单一育人的局限性借助互联网平台实现与时代"同频共振"的可能性。借助"互联网＋"的优势寻找与域外教育教学主题沟通合作的机会，寻找教育教学跨区域共建共享的可能性，满足现代教育课堂教育教学体系的结构。

（2）重组教学资源，实现优质教学资源的广域覆盖

"互联网＋"时代跨区域教学共同体建设让教学走出固有学校，跨越固定地点和时间，形成"东部与（中）西部""城市与乡村""名校与一般校（薄弱校）""名师与一般教师"之间跨区域教学，合作推进教学资源的重组，实现优质教学资源广域覆盖。借助信息技术系统与设备打破教育资源开发和利用壁垒，以教学改革带动课堂建设，运用信息技术革除传统教学弊端，构建"技术＋终端＋网络＋平台＋资源"的"五位一体"的课堂范例，在欠发达地区的学校进行校本化课程建设或转化的同时引入与发达地区等同的师资、课程、设备甚或教学方案与设计，让欠发达地区的教师和学生也能享受到优质教学资源的惠泽。

（3）重建课堂教学，满足教学改革需求的实际需要

将信息技术与教育教学深度融合，开展跨区域教育教学交流与合作，从学习水平结构、教学目标达成度、教学有效性等多个维度对教学质量进行诊断分析，重建课堂教学结构。将"名师课堂""专递课堂"等资源引入欠发达地区，使其教育参与主体超越区域限制，"近距离"感受和接受前沿教学改革理念的熏陶和行动的示范，打造与本地区教育教学改革和外部教育资源契合的优质课堂。

（4）重构教育生态，构建适应现代教学的育人场景

共同体改变既往"书院式"的班级授课，选择"线上教学"与"线下教学（实践）"融合

的方式，教学形式由教学质量评价体系统一把控，在进度把握、教学过程管理、教学资源共享、教学质量监测等方面进行深度合作，实现资源共同享用、问题共同分析、措施共同研讨、质量共同提高，最终将教学实践由"依赖外力"转向"自主创生"。

4. 进一步发展方向与关键问题

在下一步计划中，教育应用实践共同体建设将主要围绕教师成长体系构建、教师教学评估机制的名师课堂开展，在名师课堂的开展中涉及跨区域教师集体备课交流、教学资源平台资源共享、公开课程交流，以及进一步加强教师教学评估的信息化支撑等项目。此外，还需要进一步完善软件平台以支持区域学校远程教学问题。

8.6.2 融技术新媒体 赋能教学"共同体"

方玉春网络名师工作室以"专业引领、同伴互助、资源共享、辐射带动"为宗旨，重点研究"学习空间＋语音学习系统"的创新应用，积极开展基于网络环境的线上、线下活动，带动区域内学校、教师共同探索未来学习方式的变革，推动构建语音学习系统应用的良性生态。工作室以南京市软件谷第二小学为研究实践基地，校内积极组建语文、英语等学科的教师研究共同体，全面推进语音学习系统在小学阶段的常态应用；聘请专家团队指导青年教师共同体的课堂教学，深化语音学习系统在课堂中的使用实效。目前，全校学生在省语音学习系统的注册率、使用率、达标率均达100%，学校与周边9所学校成立校际协同研究联盟。工作室现有成员41人，目前已开展线上、线下专题活动共计6场，发布系列资源129件、文章58篇，形成了良好的发展态势。

1. 发展历程

工作室成员在教学过程中发现，诸如语文、英语一类的语言类学习，需要大量、规范的发音练习指导。通过调查还发现该地区的家长缺少语音发音练习方面的指导与评价能力，有些学生缺少练习与被指导机会，学生不喜欢通过反复朗读课本来进行语音练习等问题。由此，工作室成员借助工作室引进的"语音学习系统"，对低年级从"听""读""评"三个方面，进行了一学年的跟踪实验研究，发现学生的预习水平整体上升，有效地提升了课堂教学成效。至此，成立了"方玉春（语音学习）网络名师工作室"。此后，邀请周边7所"兄弟"学校，各选出3—4名语文和英语青年教师加入工作室，后期增加至9所学校，结成跨学校"共同体"，致力于小学语言学习的共研共教。

2. 发展现状

工作室遵循"先试点，后推广"的策略，在南京市软件谷第二小学校内开展深入实践，并及时梳理回顾，将成熟经验向协同校传递。在具体实施中，依照模型路径重点开展了以下四项行动。

（1）学习内容：从"听说能力"向"综合素养"转型

通过家长问卷调查及课堂观察等实证分析，了解到学生语言表达能力有限、学科知识基础薄弱的实际学情，着手实施语音学习的跨学科表达。科学教师团队在学校微信公众号推出"科学 e 起听"第一期节目帮助南京市软件谷第二小学统筹规划"e 起听"品牌课程，将语文、数学、英语、科学、美术、音乐、心育等 7 门学科纳入其中，打破语音学习原本局限于语言类学科应用的壁垒。引领各学科教师从教学目标出发，遴选适于音频呈现的拓展内容，组织学生进行撰写、播报及展示，按照每月一期的频率更新内容，借助新媒体优势拓宽学生主体参与的多种途径，逐步实现语音学习内容向更广阔、更精准的方向转型。

（2）学习过程：从"实时对话"向"泛在交互"转型

工作室重构物理与虚拟空间形态，致力实现人人皆学、处处能学、时时可学，促使学习过程的跨时空转型。在物理空间中，工作室帮助该校构建信息化文化环境，在教学区域设计了"小小廊道"e 学中心（如图 8-33），其中包含 4 间悦听区角及 3 间 e 起阅读吧，借助朗读机进入智能人机交互，及时巩固课上所学。目前，朗读机已完成小学阶段语文、英语学科国家课程的资源研发与整合，使"语音学习"不再受限于课堂的练习时间。在虚拟空间中，将研发的"e 世界学院"线上学习平台统整为新媒体资源矩阵（如图 8-34），发布"语音学习"线上音频课程，同时结合江苏省中小学语音学习系统搭建线上交互平台，学生可随时随地进行语音学习。

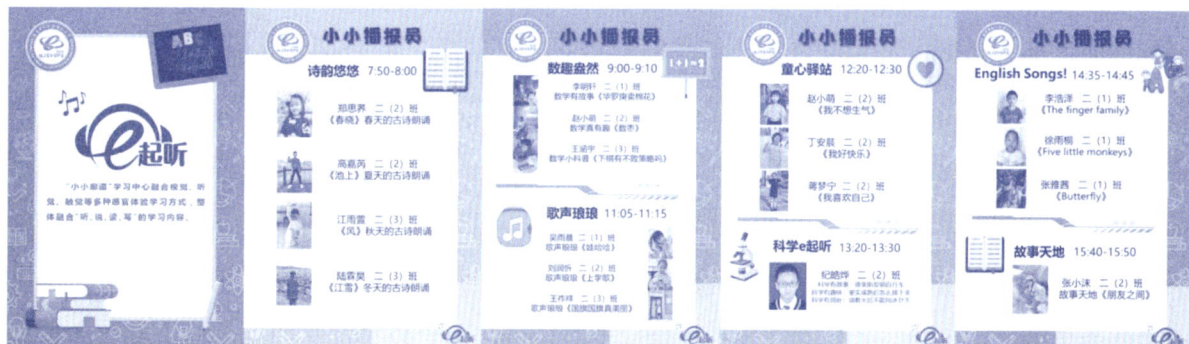

图 8-33 "小小廊道"e 学中心

图 8-34　"e 世界学院"

（3）学习评价：从"经验主导"向"数据驱动"转型

工作室探索构建"省、市、校"级的朗读测评场景，依托数字化技术实现学习评价的转型。借助"江苏省语音学习系统""南京市金陵微校""学校朗读测评"三级平台，系统部署了 e 学语音学习测评体系。借助省语音学习系统实现学生在家时的语音学习及评价，通过"金陵微校"平台实时给学生赋予表现性评价（如图 8-35），利用学校朗读测评系统让学生充分利用课余时间选择感兴趣的课时内容朗读，并通过人工智能语音识别技术对朗读进行评价，让学习评价向"数据驱动"导向逐步转型。

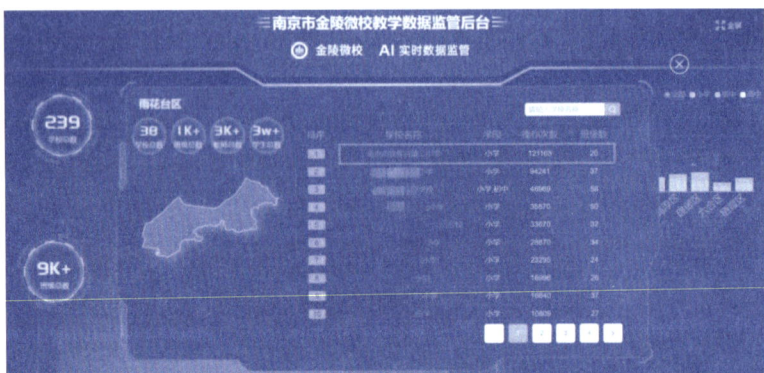

图 8-35　南京市金陵微校教学数据监管后台

（4）个性观照：从"整体关怀"向"个体关注"转型

工作室借助数智技术、智能生成的基础模型为教师进一步实施个性化指导提供了辅助依据，使学生的成长可视。工作室带领学校尝试整合"省、市、校"三级朗读测评数据，清楚记录学生语音学习的成长轨迹。目前，初步建立了语音学习中的学生动态"数字画像"，画像通过文字、表格、图形等多种形式，将数据与学生实时录制的朗读音频相结合，帮助教师直观详实地认识和了解学生，形成更加全面的"语音学习"能力数字罗盘。

3. 发展经验

工作室以解决师生最迫切的难题为抓手，影响辐射自身、兄弟学校乃至整个区域，由此形成了相关发展经验。

（1）技术协力，助力联结

工作室构建"小小语音学习廊道"，助力学生的语音学习，成立名师工作师，脚踏实地开展教学研究，帮助师生、家庭解决实际困难。

第一，工作室为提升学生预习兴趣，采取了两个途径：一是选择合适难度的任务；二是提升任务的趣味性。"语音学习系统"对应每一课分别提供"课文""生字"和"词语"的范读，同时也配备朗读测评。教师建议学生通过"听"和"读"结合的方式，先"听"后"读"，一改以往让学生从零开始预习新课的方式，降低预习的难度，同时借助 AI 技术进行"即时评分"，大大地提升了学生的兴趣。

第二，工作室借助"语音学习系统"解决学生预习中出现的问题，系统里的测评模块可以用录音的方式记录学生每次"课文""生字""词语"的朗读并对其进行评分，学生可以依据反馈再次练习。测评系统成为学生学习的学伴，有效帮助学生的口语学习。教师通过管理端可以看到学生评分较低的部分，在课堂上更有针对性地进行集中指导，有的放矢，让课堂时间更有效。

第三，工作室为学校打造了多场景学习空间，学生可以充分利用下课时间、午休时间或是课后延时辅导的碎片时间在"小小廊道"的"e 学中心"收听完新一课的示范朗读或是进行朗读测评，如果没有完成，回家后登录手机端可以继续完成未完成的学习任务。学生在家中也可以利用碎片时间，先完成预习中"听"的步骤，再集中利用几分钟完成"读"，同时根据"测评系统"给出的得分，做进一步的强化练习。

（2）专家引领，互助共长

工作室促进青年教师的发展。在工作室成立短短一年间，多次为青年教师搭平台、请名师，开设市级公开课、区级公开课、校级公开课等，并邀请特级教师作点评指导促使青年教师在一次次校际联盟活动中反观自己、查漏补缺，增长自我发展的内驱力。同时，工作室会定期向成员推荐一些讲座、书籍资源等，并督促他们及时撰写授课以及使用语音学习系统的心得，丰富成员的学习资源，锻炼反思能力和论文撰写能力。

（3）共定制度，共创品牌

工作室成立之后，形成多校联盟，共同制定《方玉春名师工作室工作章程》《方玉春名师工作室考核方案》。每位成员遵守约定、积极努力，促进了工作室的良性发展。工作室活动均开通网上直播通道，让更多的教师能突破空间限制参与到学习中。目前工作室的听课教师已经辐射扬州、泰州等市区，该区其他非工作室成员学校也向工作室伸出"橄榄枝"，申请加入工作室，形成了良好的品牌效应。

4. 进一步发展方向与关键问题

经过这一年的打磨，方玉春名师工作室已初具规模，今后将进一步深挖工作室中的课题资源，形成一批以"语言学习"为核心的课题研究，在新技术的助力下，带动区域教学水平向更高层次迈进。

8.6.3 五联·四式："玩·美"馆联动新样态的建构与实施研究

柏春花网络名师工作室基于探究、设计、创造、合作理念，依托开放性材料，综合教学、社团、创客在内的启蒙教育空间，创设"玩·美"馆，内含八个特色场馆，分别是"味稻城、草雕坊、渔歌村、诗意居、绘本馆、小菜园、纸挥家、泥好玩"，让学生得以在"玩中学、玩中做、玩中发展"。工作室以"联动"为课程植入融合因子，建构与实施了"五联·四式"联动新样态，为学生的完整发展构建起一个融合性课程体系，促进学生完整发展，实现场馆发展价值纵向扩张、横向整合、两端延展，深化"玩·美"馆精品课程育人价值。

1. 发展历程

工作室主要经历了设计方案、建构课程新样态框架及课程的实施等几个阶段，以确保"玩·美"馆课程顺利开展。

（1）现状审视，设计方案

工作室基于课程实施中"材料多，使用少""制作多，游戏少""合作多，对话少""课程多，统整少"等问题，提出要关注课程内容与内容之间、场馆和场馆之间的逻辑关联和梯度构架，通过课程资源开发、课程内容设计、课程运作策略的实施，架构一个系统的、整合的课程体系，充分发挥"玩·美"馆特有的育人价值。因此工作室提出"玩·美馆联动新样态的建构和实施"的研究方向，拟通过"联动"的课程为儿童创造更丰富、复杂、有意义的学习情境，促进更多的自主探究、创意制作、社会交往、需求表达与表演表现、合作交流的体验，让课程与游戏、生活成为一个互通互联的学习共同体，实现场馆育人价值的更优化。

（2）联动新样态的建构

工作室对"玩·美"馆的课程进行了全方位、系统性的研究与梳理，建构了"玩·美"馆联动新样态的框架图。通过确立"完整儿童、经验整合、统整学习、整体发展"的设计理念和"发展性、关键性、交互性、相关性、开放性"的设计原则，建构与实施五联（即五项联动要素、五项联动运作）四式（即"联感官·玩材料""联非遗·玩民俗""联生活·玩创意""联绘本·玩表演"四类实施范式）的联动新样态，在"排除联动障碍、促进联动深度、导航联动迭代、拓展联动视野"四类联动保障机制下，实现"丰富儿童学习经历，促进儿童完整发展"的目标，深化与拓展了"玩·美"馆课程育人价值。

（3）联动新样态的实施

工作室进行了四类联动实施范式，四类范式按照"探索—建构—演绎"的梯度编排，从而构建起一个开放、丰富、统整的课程体系。探索阶段以"联感官·玩材料"范式为主，意在让感官与材料发生亲密的连接，帮助学生通过感官体验建立对材料多元属性的深入理解。建构阶段包括两类范式，"联非遗·玩民俗"的范式重在联结非遗文化，变知识传授为文化传承，"联材料·玩创意"的范式重在引导学生从模仿创作到创新实践，通过两类基于项目的联动课程，促进学生文化理解和创新素养。演绎阶段通过"联绘本·玩表演"的范式实施，营造了多人共同参与的真实对话情境场，学生在编排剧本、发表意见、协调分工、争论辨析、布景规划、联合表演的过程中，逐步提高关键能力。

2. 发展现状

工作室以"联动"为课程植入融合因子，建构与实施了"五联·四式"联动新样态（见图8-36），促进"玩·美"馆课程的统整建设。

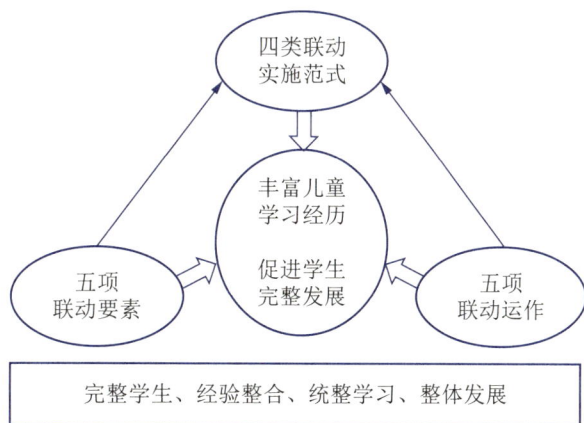

图 8-36 "五联·四式"新样态

（1）聚焦五项联动要素变革

工作室聚焦主要联动要素变革从引入联动资源、激发联动主题、畅通联动场域、重建联动角色及流通联动成果五个方面着手。

第一，引入联动资源：变"一材"为"多材"。材料是创意灵感的来源，"多材"是指在"一馆一材"基础上引入其他开放性材料（见图8-37），不断探索用新的、有意义的方式组合事物的乐趣。主要内容和策略包括在每个场馆增设一个材料中心，将不同场馆典型性材料分门别类地放入材料中心；选择具有审美启迪和故事性、游戏性的绘本，让学生在绘本中与大师、与生活、与故事对话；梳理、整合与本土文化相关的各种人力资源、物质资源、活动资源、文化资源等，将其引入场馆或融入课程；充分发动有关设计、工程、机械、木工、手工艺方面的家长资源，为学生的学习提供支持。

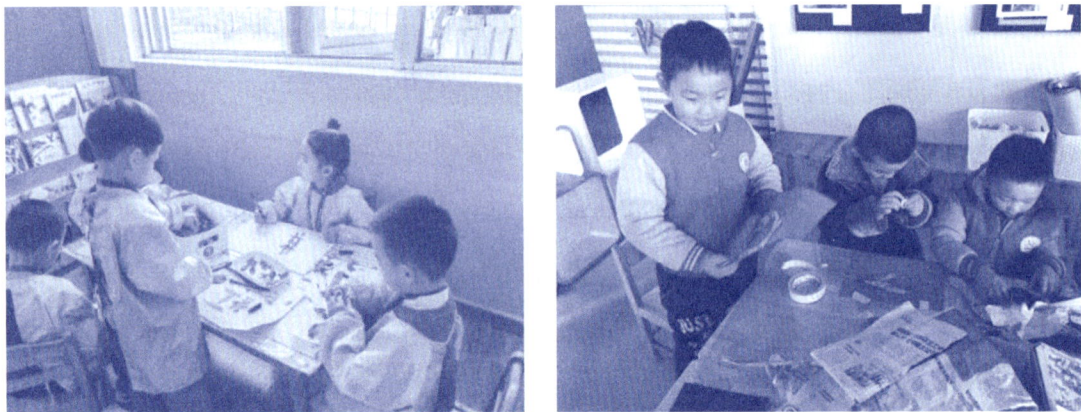

图 8-37　学生利用不同材料制作作品

第二，激发联动主题：变"饱满"为"留白"。为了给学生充分的想象空间以及表达联动的创意空间，工作室成员对场馆环境进行了删繁就简的整理，如将原来张贴的小故事、小挑战等收集在课程书中；对展示的作品化散为整；将部分作品流通到班级等。每个场馆都通过"留白"为孩子的遐想留出空间、空地、空墙，让学生的思维可以不被"已有、固有"限制，能够充分展开自由想象和创造。

第三，畅通联动场域：变"封闭"为"开放"。"封闭"变"开放"指向有三个方面。一是从材料属性及联动关键性出发，重新布局场馆，拆掉部分相邻场馆阻隔联通的墙，运用一些开放、通透的装置形成既有独立性又便于联通的空间，如将"绘本馆""小菜园""纸挥家"三馆联通。二是将八个场馆联结为一个资源中心，鼓励学生根据需要可轮流或分别到任一场馆完成制作，最终的作品将是各馆作品的合成，如绘本剧《白雪公主和七个小矮人》，最后联合表演的成果就是来自"泥好玩""绘本家"等7个馆的联动。三是走出校园，即将博物馆、美术馆、展览馆等纳入学习场域，通过参观、体验、收集信息等为联动注入新的可能。

第四，重建联动角色：变"工匠"为"创客"。工作室教师在课程编排中，以重建角色的方式让学生的学习变得有趣味、有挑战、有想象空间。例如在以"艺术手"为主题的活动中，教师先以艺术家代表性的创作视频帮助学生了解"手"的神奇力量，鼓励学生像艺术家一样大胆创作，帮助学生角色代入的同时也让学生拥有了想象和努力的方向。当学生沉浸在

"超级设计师、艺术手、小戏迷、传承人"等角色中时，他们也就成为了一名真正意义上的小创客。

第五，流通联动成果：变"静态"为"动态"。"静态"变为"动态"是指，让展示在"玩·美"馆中用于欣赏的作品从墙上、柜子里"走"下来，流通到班级和公共区域，自然融入学生的游戏和生活中。有的成了表演区的布景和道具，有的被学生灵活运用在各种自主性游戏中。游戏不仅让学生感受到快乐，也带给学生一个无所羁绊的想象空间。学生在游戏中对"展品"进行着 N 种重新定义，对场馆有了新创意和期待。

（2）推动五项联动运作转型

工作室积极推进联动运作转型，从优化联动合作、发展个性联动、可视联动进程、活力联动关系及提升联动成就五个方面展开。

第一，优化联动合作：从"混龄编班"向"自主招募"转型。不同于以往"混龄编班"所采用的教师分配制，工作室根据项目招募有共同兴趣意愿的学生建立团队，强调对学生兴趣和意愿的尊重，学生能以自己的兴趣和意愿选择项目或同伴，从而成为自己学习的主体。

第二，发展个性联动：从"固定周期"向"弹性周期"转型。为给予各类联动自主权，"玩·美"馆在原基础上增加了"弹性周期"（见表 8-4），即每周五下午校区不做统一活动安排，各小组可以根据联动进程自主决定是否开馆，并可以根据实际自主申报"达人秀场"展示时间。

表 8-4　"玩·美"馆开馆时间安排表

"玩·美"馆开馆时间安排表					
		周一	周二	周三	周四	周五
固定周期	上午			开馆		
	下午	开馆			开馆	
弹性周期	上午			开馆		自主开馆
	下午	开馆			开馆	
每月周末周五上午为达人秀场，自主申报和发布海报						

第三，可视联动进程：从"设计图"向"联动图"转型。以联动为要素的项目活动需每个小组成员都清楚地记住小组的目标和自己的任务，使作品创造过程聚焦于集体目标达成。因此，在每个联动起始阶段，"联动导师"跟学生一起展开讨论，并借鉴思维导图的方式，引导学生用自己的方式画一张"联动图"，用图文符号分别标注目标、材料、人员、地点等信息，以"可视"的方式帮助小组成员确定自己的学习和任务，从而给予学生自主规划、自主控制、自主实施的权利，帮助学生建立学习的自我存在感和主体精神。

第四，活力联动关系：从"责任馆长"向"联动导师"转型。教师从原来负责管理某个场馆的"责任馆长"转变为全程陪伴学生的"联动导师"。在主题生成阶段，"联动导师"的定位是"促发"，热情加入学生讨论，并从学科整合的视角思考学生可能从中发展什么，通过插话提问、添加信息，激发兴趣，从而确定"主题"；在进行阶段，"联动导师"的定位是"提问"，以开放性的问题帮助学生思考创造性解决问题的方案，并在每一次"分享回顾"中，用"问题墙"帮助学生以图文结合的方式回顾和梳理；在合成展示阶段，"联动导师"的定位是"服务"，为学生最后的"达人秀场"提供服务和支持（如文字记录、录音、媒体剪辑、提供设备等），让学生在"不受限"的表达中获得更多乐趣和自信。

第五，提升联动成就：从"回顾分享"向"达人秀场"转型。工作室以"达人秀场"为儿童提供成果展示的机会和平台，"达人秀场"没有固定模式，以把握"最大化放大和升华学生学习成就"为宗旨，和联动导师和儿童一起创意设计，以一首诗、一个故事、一首歌、一台剧、一段表演、一个游戏等多形式呈现。老师们拍摄每个"达人秀场"并制作"二维码"发给家长，让快乐和成功延续到家庭，激起他们投入新的联动创造的兴趣。

3. 发展经验

柏春花网络名师工作室以促进学生快乐和谐、全面个性成长为理念，持续完善优化"玩·美"课程，形成了一定相关经验。

（1）联动课程确保持续发展

联动新样态要围绕学生需求，着眼于学生最近发展区，让课程走在学生发展的前面，既满足学生不断发展的探究创造需求，让学生觉得有意思，又要与学生的学习兴奋点、原有认知点、能力拓展点相适应，真正吸引学生全身心积极参与，在沉浸式的学习中体验成功，从而获得有意义的发展。

（2）联动目的着眼关键要素

"联动"的目的是通过"联"产生新的关系，让学生能在多元结构和场域中找到一种新的坐标感和连接感。因此，联动应与关键要素建立连接，如感知觉的发展源于感官参与的探索，因此联动的关键在感官；合作素养需要在一个多人共同参与的具有对话的场域中发展，联动的关键在于真实的互动情境。教师作为联动导师，也应把握联动的关键目标，进而开展活动设计与实施，避免陷入繁杂低效。

（3）联动过程关注主客交互

"联动"立足多维拓展学习场域和能力，以综合性内容带来丰富的交互，包括人、事、物、知识或场域等任何可能连接的内容或元素，人与人之间的连接和交互，同伴之间、师生之间以及与家长、社会、知识语境之间的多维度交织、碰撞和互动激活了学生多方面的经验，让学生在高水平的"玩"中得以发展。

（4）联动原则遵循学习开放

"联动"强调放下思维定式，以创造为核心，打开学习视野，开放学习资源，对原先既有的方式展开一种新的创想和联结，打开和接纳各种奇思妙想和天马行空的创意、方法、观念，提供给学生一个广阔的多向度的探索空间，为学习注入更多的能量和营养，探寻应对问题解决的各种方法。

4. 进一步发展方向与关键问题

在今后，柏春花网络名师工作室将进一步开放思路，拓宽视野，把学习空间链接到更为广阔的大社会，通过多途径、多策略优化已有课程内容、课程实施、课程评价，进一步促进融合性课程体系的健全。

第九章

CHAPTER 9

南京市基础教育领域互联网学习的未来展望

随着我国教育领域数字化战略行动的深入实施，国家正在以空前的力度推动教育数字化转型，对"互联网＋教育"提出了新的期待和更高的要求。2023 年，南京市基础教育领域的互联网学习在相关教育主体的协同努力与支持下迈向新台阶，教育平台及资源建设日益完善，样板区工作呈现新亮点，赛事及课题研究项目层出不穷，师生数字素养稳步提升。本章节旨在结合南京市互联网学习的发展成果，深入分析关键问题，凝练未来发展趋势，引领和推动南京市互联网学习持续创新与发展，为全市教育数字化转型提供有力指导。

9.1 南京市基础教育领域互联网学习的关键问题

近年来，互联网技术飞速发展，教育领域也在不断地进行创新和变革。特别是在基础教育领域，互联网学习已经成为一种新的教育范式。2023 年，南京市互联网学习稳步推进，但也暴露出一些潜在的关键问题，这些问题不仅影响着学生的学习效果，也制约着教育信息化的进程。因此，深入探讨关键问题，总结年度发展经验，对于推动南京市基础教育领域互联网学习的健康发展具有重要意义。

9.1.1 学习环境支持仍有提升空间，混合学习空间应用尚待深化

"互联网＋教育"发展的时代背景下，线上线下混合式教学已逐渐成为教育改革的重要方向，这对于学习环境的支持与混合学习空间的应用都带来了较高要求。在环境建设方面，南京市互联网学习环境能够满足师生教与学的需求，但仍存在一定的提升空间：部分学生认为网络卡顿较为明显，影响了互联网学习体验，另有部分学生感知到的互联网学习资源环境的建设情况偏弱，最终对于互联网学习的效果满意度也整体较低。在混合学习应用方面，南京市已顺利打通各级各类平台及资源，为教师开展教学工作提供全方位的支持，但在支持教师持续探索与深化应用线上线下混合式教学上还相对薄弱，许多教师对于如何有效地将线上和线下教学相结合存在困惑。后续互联网学习的建设需持续优化和改善基础设施建设，切实保障师生用网的便利性与安全性。同时，进一步朝着深化互联网技术与教育教学深入融合的方向建设，依托国家中小学智慧教育平台、"金陵微校"等优质平台和资源，帮助教师在混合学习空间中运用信息化手段进行更深层次的教学实践和探索。

9.1.2 学生资源分享意识还需加强，数智素养能力待进一步提升

在数字化教育的浪潮中，南京市学生展现了较高的互联网学习能力，具有较强的互联网学

习意愿，能够熟练操作平台和软件，从多方面获取所需的策略和评价支持，也具有较强的网络安全和伦理意识。然而，尽管基础能力扎实，但学生在互联网学习中展现的创造性思维尚显不足，数智素养能力仍需进一步提升。具体而言，学生通过互联网分享资源、与他人共享高质量学习资源的意识有待加强，创造性思维相对薄弱，在一定程度上影响了学生的内容创作的积极性和优质资源的传播。因此，在后续的发展过程中，一方面应鼓励学生之间的资源分享，积极举办资源评比与推广活动，利用多媒体平台扩大学生创作资源的影响力和覆盖面，带动更多学生参与到优质资源的创作与分享过程中，持续提高学生的资源鉴赏能力和创造能力。另一方面需要在人才培养体系的建设上下足功夫，通过综合运用混合课程教学、教师个性化辅导、同伴协作互动以及信息化竞赛活动等多元方法，全面提升学生的数智素养能力。

9.1.3 教师创新应用样态仍需探索，数字化专业发展需系统关注

目前，南京市教师在互联网教学应用方面的整体水平较高，能够采用混合学习模式创新已有的教学样态，也能利用互联网提高专业能力，建设学习共同体。但仍有部分因素影响教师互联网创新应用和专业发展：一方面，教师能够合理地制作和改编互联网教学资源，但教学应用的形式和样态较为单一，大部分应用主要以教学视频或统计答题的方式呈现到课堂中，缺乏多样性和互动性，影响了学生的学习兴趣；另一方面，教师对于互联网教学活动的参与度相对较低，部分教师表示缺乏提升数字化专业能力的途径与机会。后续应鼓励教师开发多模态的数字教育资源，创新教学应用的呈现形式，支持师生教学方式共创，形成良好的创新生态。同时，始终持续关注互联网技术对教师数字化专业能力发展的价值，借鉴名师网络课堂协作教研共同体的实践经验，通过构建基于"互联网＋"的名师网络课堂协作教研共同体，建立数字化培训体系，促进教师的专业成长。

9.1.4 互联网教学组织形式待转型，探究学习活动比例需要增加

随着互联网技术在教育领域的深入应用，南京市教师在常规教学活动中已能有效运用互联网技术，依托互联网完成任务发布、课堂讨论、作业辅导及反馈等教学工作。然而，在组织学生探究活动、组织学习成果汇报交流等活动中，互联网技术的使用频率仍然较少。此外，尽管线上线下混合教学模式已被部分教师采用，但基于互联网的同步课堂、翻转课堂等教学模式尚未普及，教师缺乏利用网络组织学生进行探究活动的实践经验。后续应关注互联网教学形式的转型，鼓励教师创设丰富多样的学习活动类型，增加如项目式学习、同伴学习等探究学习活动在互联网教学中的比例，使学生能在探究和交流活动中更主动地发挥主体作用。同时，应加强教师在这些新型教学模式中的培训和指导，以提升他们在数字环境下的教学能力，为高效开展

各种类型的教学活动做好准备，最终能够为学生创设一个适应互联网时代教育发展需求的全面教育环境，促进学生的全面发展。

9.1.5　学校合作交流渠道仍需拓展，管理者数据治理能力待深化

南京市学校管理者在互联网教育管理方面表现出了较高的能力，管理者大多都能够利用多种互联网工具开展信息化教育管理活动，显示出较强的信息化管理意识和积极性，并在一定程度上形成了各自学校的信息化管理特色。然而，目前仍面临一些挑战：不同学校之间的交流合作方式单一，兄弟学校之间的资源和经验的互联共享频率不高；学校管理者迫切希望在互联网平台中引入更多的数据分析技术，但自身的数据治理能力仍有待提升。为了应对这些挑战，首先应当鼓励学校管理者积极促进兄弟学校间的合作和交流，通过拓展交流渠道，加强双向的学习和经验共享。其次，要帮助学校管理者明确数据治理的目标和标准，构建符合本校特点的数据治理体系，包括但不限于梳理数据清单、检测数据质量、确定目标愿景、加强顶层设计、定义数据标准、开展数据评估、打造数据应用关键环节。在此基础上，需要时刻提醒管理者加强对数据安全和隐私保护的重视，确保在信息化管理过程中数据的安全性和隐私性得到有效保障。

9.2　南京市基础教育领域互联网学习的发展趋势

回顾 2023 年南京市互联网学习发展轨迹，不仅展示出显著的示范和引领作用，而且提炼出发展中的关键问题，为今后的稳步提升打下扎实的基础。未来，这些经验将为南京市进一步发展"互联网 + 教育"提供重要指导。本节将探索南京市在互联网学习方面的关键发展趋势，并就如何在未来几年内持续优化和创新提出展望。

9.2.1　把握教育数字化转型的浪潮，构建学习者为中心的新学习场景

2023 年 5 月，教育部办公厅印发《基础教育课程教学改革深化行动方案》，提出充分利用数字化赋能基础教育，推动数字化在拓展教学时空、共享优质资源、优化课程内容与教学过程、优化学生学习方式等方面广泛应用，构建数字化背景下的新型教与学模式，助力提高教学效率和质量。南京市的步调与国家发展方向保持高度一致，全年通过创新打造"未来教室"试点校建设、持续推进数字资源优化建设等工作，逐步形成具有南京特色的互联网学习场景。

未来，南京市各学校将抓住新一轮教育数字化转型的变革机遇，一方面守住已有的智慧校

园建设的优势，充分发挥互联网等技术在教学、管理、服务等方面的作用，为学生提供良好的学习场景；另一方面不限于现有成果，继续打造以学习者为中心的"未来教室""未来学校"，探索开展建设以学生为中心的、线上线下融合的全场景智能教学体系，做到无缝融合、无感知切换，构建不受时空限制的泛在智能教学环境，实现线上线下常态化融合发展机制，将"未来教室"建设成为南京教育信息化的品牌项目。通过多种途径构建以学习者为中心的新学习场景，始终围绕着便于学生、利于学生的宗旨，为学习者打造量身定制的学习空间、学习方式、评价方式等，让学习者站在教育发展变革舞台的正中央。

9.2.2 持续开发优质数字教育资源，共建共享高效教育资源培育体系

2022 年以来，教育部秉持"应用为王、服务至上"的理念，推动了数字教育资源的深入开发和广泛应用。南京市积极响应这一号召，利用国家智慧教育公共服务平台和"金陵微校"，不断扩充覆盖各学科领域的优质资源。除了常规的教学资源，南京市特别强调融合教育、特殊教育、劳动教育和文化教育等多元资源的开发。通过组织系列资源建设交流和专业培训，全市不仅提升了教师在资源建设方面的专业技能，也营造了积极的合作氛围。

在后续的发展过程中，南京市将在现有资源基础上，根据教师在教学中使用教育资源的具体需求，从"扩展教育资源数量"的发展方式转向"提升内涵和质量"的发展方向，共建共享高效教育资源培育体系。一方面，在资源建设的过程中始终关注教师与学生的真实需求，深度挖掘符合一线教学需求的资源选题，同时鼓励教师参与资源评价与优化，提高其实用性和使用效率；另一方面，进一步畅通国家、省、市县和学校之间的资源共享渠道，确保优质资源能更广泛地惠及区域教育，并依照市、区、校共建共享的思路做好学科资源、专题资源、特色资源的项目培育工作，鼓励科技企业、出版社等社会机构与学校教师形成共同体，共同推动数字教育资源的高质量建设。

9.2.3 推进"金陵微校"数字化建设，创新数据驱动精准教学新样态

2023 年，南京市积极响应中共中央办公厅、国务院办公厅印发的《关于构建优质均衡的基本公共教育服务体系的意见》，一方面继续深化国家中小学智慧教育平台应用，形成特色应用模式；另一方面更是重视"金陵微校"平台的建设工作，将平台从原先主要为学生提供课后服务延伸到能够提供"课前、课中、课后"一体化的完整闭环服务，促成线上线下结合的教育常态化融合发展机制，形成良性发展格局。

未来，南京市将进一步延续"金陵微校"在 2.0 建设期间形成的特色应用与资源优势，积极探索"金陵微校"试点学校的常态化运行机制，聚焦混合教育新常态，着力打造有南京特色

的网络学习空间。除常规升级之外，南京市将为平台赋予基于教育大数据开展精准诊断的重要能力，构建智慧教学应用动态跟踪数据库，对师生行为特征分类记录、解析与展示，实现基于大数据的科学教育决策。此外，南京市拟推进数据中台建设，打通数据壁垒，实现数据自动化分析与可视化呈现，打造具有南京特色的"教育超脑"，精准提供"区域画像、校级画像、班级画像、教师画像与学生画像"等，为管理者的精准决策和教师的精准教学提供有力的数据支撑。

9.2.4　全面提升教师数字素养水平，通过专业系统培训促进教师发展

为推进国家教育数字化战略行动，2023 年教育部在世界数字教育大会上正式对外发布《教师数字素养》教育行业标准，标志着对教师数字化能力的重视达到了新的高度。南京市积极响应这一战略，通过一系列创新举措，大力推进教师数字素养的提升。在过去一年中，南京市成功组织了多个数字化培训项目，创建跨学科教学与教研研修班，吸引了众多学科教师参与，形成规模与示范效应。相关培训及专业指导活动不仅有效推广数字化教学工具及方法，增强教师的教学能力，也带动教师之间的交流与合作，促进教师专业发展，为南京市教育数字化转型提供了坚实的人才支持。

面向未来，南京市将在教师数字素养提升方面采取更加专业、系统和全面的措施，迈出坚实有力的步伐。一方面，全市将继续发挥骨干教师培训、数字化工具应用培训等高水平培训活动的作用，深化教师在数字技术与教育教学融合方面的专业知识和实践能力，促进教师专业成长。另一方面，南京市将着眼于构建多元化的教师培训体系，整合已有培训资源，针对不同教师群体（包括学科教师、资源制作教师、管理者等）的需求形成个性化培训方案，以确保培训内容的深度和广度。此外，全市将进一步打造更加开放、互动的教师学习平台，建设针对性更强的高质量培训资源，营造一个更加开放和自主的专业学习环境，提升教师的自我驱动学习能力，为全市教师专业发展注入新动力。

9.2.5　顺应数智时代教育发展趋势，推进学生数智素养全面提升行动

随着数智时代的到来，技术的快速变革和智能工具在教育领域的广泛应用为学生的成长提供了新的可能性。南京市深刻认识到这一趋势，非常重视学生数智素养的提升，积极组织人工智能活动，加强人工智能课程建设与应用研究，目前已逐步形成了具有校本特色的人工智能课程体系，为提升学生数智素养打下坚实的基础。

未来，南京市将制订全面的行动计划以进一步拓展学生数智素养的培养路径。首先，南京市将持续推动以学生数智素养为导向的教育模式，重视培育学生的人工智能意识、创新思维、

技术应用能力及社会责任感，推动学生数智素养提升的科学和良性发展。其次，全市将进一步完善人工智能及 STEAM 教育生态环境，在数字资源的开发和审核、师资培训、经费支持等方面进行顶层设计，整合优质资源，注重课程的更新和改进，强化师资队伍建设。此外，南京市将继续扩展人工智能教育试点学校的培育工作，探索智能技术与学校教育融合的新路径，采用各种创新的实践性教学模式（如游戏化学习、项目化学习等）提高学生参与度，提升学生的实践能力、人机交互能力和高阶思维能力，最终促进学生数智素养的全面提升。

9.2.6　启动教育数据治理平台建设，构建教育数据底座支撑服务体系

为规范教育数据的建设、管理和使用，南京市启动了教育数据治理平台的建设，旨在汇聚散落的教育数据，建立数据标准，构建教育数据底座，实现数据的标准化管理和共享。在数据规范方面，南京市积极推动"南京教育专属云"模式的建设，统一管理和存储南京市各级各类教育数据。同时，完善教育数据资源目录，确保数据的来源清晰可查，做到"一数一源"。南京市还将加强对教育数据的全生命周期管理，包括数据的采集、存储、处理、分析和应用，确保数据的安全性和有效性。在教育管理信息系统方面，南京市将逐步整合全市各类教育管理信息系统，推进各级教育管理信息系统的应用集成，实现信息的共享和互通，为教育决策提供更加全面、准确的数据支持，促进教育管理的科学化和规范化。此外，不断深化基于数据分析的精准化教学和个性化学习等创新应用，打造信息技术环境下的创新教学模式的示范样板区、学校、学科群和团队，构建基于大数据的教育应用、教育决策服务、教育教学支撑体系，促进南京市教育教学的质量和效率的整体提升。